MARTIN BRODEUR

Données de catalogage avant publication (Canada)

Brodeur, Denis

   Martin Brodeur : le plaisir de jouer

   1. Brodeur, Martin. 2. Hockey. 3. Brodeur, Martin – Ouvrages illustrés.
   4. Hockey – Ouvrages illustrés. I. Daignault, Daniel. II. Titre.

GV848.5.B76B76 2002   796.962'092   C2002-941595-0

DISTRIBUTEURS EXCLUSIFS :

- Pour le Canada
et les États-Unis :
MESSAGERIES ADP*
955, rue Amherst
Montréal (Québec)
H2L 3K4
Téléphone : (514) 523-1182
Télécopieur : (514) 939-0406
* Filiale de Sogides ltée

Gouvernement du Québec – Programme de crédit d'impôt pour
l'édition de livres – Gestion SODEC.

L'Éditeur bénéficie du soutien de la Société de développement des
entreprises culturelles du Québec pour son programme d'édition.

Nous reconnaissons l'aide financière du gouvernement du Canada
par l'entremise du Programme d'aide au développement de l'industrie
de l'édition (PADIÉ) pour nos activités d'édition.

© 2002, Les Éditions de l'Homme,
une division du groupe Sogides

Tous droits réservés

Dépôt légal : 4ᵉ trimestre 2002
Bibliothèque nationale du Québec

ISBN 2-7619-1744-8

Pour en savoir davantage sur nos publications,
visitez notre site : **www.edhomme.com**
Autres sites à visiter : www.edjour.com • www.edtypo.com
www.edvlb.com • www.edhexagone.com • www.edutilis.com

MARTIN BRODEUR
LE PLAISIR DE JOUER

Denis Brodeur
Texte de **Daniel Daignault**

Préface de Bertrand Raymond

LES ÉDITIONS DE L'HOMME

BERTRAND RAYMOND

PRÉFACE

Martin Brodeur est un homme visiblement bien dans sa peau. C'est peut-être la façon la plus juste de le représenter. Il est fier de ses réalisations dans le hockey professionnel, fier également d'avoir fait les bons choix dans sa vie personnelle. Des choix qui lui ont notamment permis de patiner sur les traces de son père, un gardien de but amateur, médaillé de bronze aux Jeux d'hiver de 1956, et de bien choisir la femme qui allait partager sa vie et lui donner les enfants qu'il rêvait d'avoir.

Quand les médias tracent le portrait d'un athlète professionnel, ils insistent généralement sur ses prouesses sportives. Dans le cas de Martin, on décrit souvent l'homme d'abord, et l'athlète ensuite, sans doute parce que son échelle des valeurs paraît très évidente. On voit en lui un mari, un père, puis un athlète d'une qualité rare.

Il est de ces héros sportifs d'approche facile et généreux de leur temps, comme il s'en fait malheureusement très peu à notre époque. Martin a profité très tôt d'un environnement qui allait lui permettre de bâtir sa vie sur des bases solides. Il est resté très attaché à ses racines familiales.

À l'âge de 14 ou 15 ans, quand il était un jeune gardien prometteur, il accompagnait son père, photographe professionnel, lors des séances de photographie. Ces séances lui permettaient de côtoyer les vedettes du Canadien, dont le gardien qu'il allait plus tard affronter dans la Ligue nationale, Patrick Roy.

« Mon père répétait à des joueurs comme Roy, Claude Lemieux et Stéphane Richer qu'ils allaient un jour me voir jouer dans la Ligue nationale, rappelle-t-il. Combien de parents peuvent prédire l'avenir de leur garçon avec une telle assurance ? » Denis Brodeur a pourtant vu juste. Lemieux et Richer ont été des coéquipiers de son fils chez les Devils du New Jersey, tandis que Roy a établi au fil des ans des records que Martin sera l'un des rares à menacer avant la fin de sa carrière.

Quand Brodeur s'exprime avec enthousiasme sur le métier qui a fait de lui une superstar, il fait rarement allusion aux coupes Stanley qu'il a gagnées, aux honneurs individuels qu'il a accumulés et aux statistiques impressionnantes qui y sont rattachées. Il voit plutôt dans la pratique de son sport une occasion d'affirmer les valeurs qui lui ont été enseignées.

Être gardien de but, selon lui, c'est un boulot qui comporte des responsabilités. La pression y est bien sûr un élément incontournable. On apprend très tôt à développer le sens des responsabilités. Il apprécie le fait que la position stratégique qu'il occupe sur la patinoire lui permet d'exercer une influence cruciale sur le résultat final d'un match.

« Je sais que je peux faire une différence, m'a-t-il déjà raconté. Or, durant toute notre existence, ne vivons-nous pas pour faire une différence ? Cette différence, je veux également la faire dans la vie de mes enfants. » Cela lui plaît d'assumer de lourdes responsabilités pour son propriétaire, son directeur général, son entraîneur et ses coéquipiers. Cet aspect de son boulot raffermit son enthousiasme.

L'entraîneur Robbie Ftorek, qui a connu sa part d'ennuis avec bon nombre d'athlètes, a déjà dit en parlant de Martin qu'il n'avait jamais eu à s'inquiéter d'un retard à une séance d'entraînement, d'un couvre-feu enfreint, d'un manque d'éthique ou d'une rébellion. Dans le style de Ftorek, il s'agit d'un compliment ultime qui ramène d'ailleurs Brodeur à ses qualités d'homme et d'athlète. Martin a déjà mis fin à une longue association avec un agent qui lui avait suggéré de faire la grève lors d'une négociation de contrat, négociation grâce à laquelle il était déjà assuré de devenir plusieurs fois millionnaire. Cette décision de négocier seul avec son directeur général lui a probablement coûté quelques millions, mais il n'avait que 24 ans. Il avait toute la vie devant lui pour faire sauter la banque, ce qu'il a d'ailleurs réussi quelques années plus tard.

Pour que la vie de Martin Brodeur soit parfaitement réussie, il doit pouvoir être en paix avec lui-même. Il doit pouvoir lire le bonheur et une parfaite tranquillité d'esprit dans les yeux de sa femme et de ses enfants. « Dans la vie, après tout, combien de millions nous faut-il pour être heureux ? » a-t-il déjà demandé. Si, comme Martin Brodeur, les athlètes professionnels se posaient plus souvent cette question, ils seraient moins nombreux à perdre le sens des réalités.

Un gars spécial, Martin Brodeur. Un athlète exceptionnel, une denrée rare. Ce livre, qui lui est consacré, nous permet de suivre en photos et à travers de nombreux témoignages le cheminement d'un petit garçon fort simple que le statut de vedette n'a pas changé.

Bertrand Raymond

MARTIN BRODEUR

LE PLAISIR DE JOUER

Salt Lake City, le dimanche 24 février 2002. Un scénario qui s'est répété des centaines et des centaines de fois depuis le début de sa carrière de gardien de but. Troisième période, les dernières secondes s'envolent au tableau indicateur. Le match va bientôt se terminer et Martin Brodeur va connaître les joies de la victoire. Mais cette fois, cette partie de hockey est loin d'être comme les autres. Le bruit est infernal au E Center, où se déroule la finale olympique de hockey sur glace, opposant l'équipe américaine à l'équipe canadienne. La marque est de 5-2 pour le Canada ; il ne reste plus qu'à laisser s'écouler le temps et la formation menée par le capitaine Mario Lemieux va, dans quelques instants, savourer pleinement la conquête de la médaille d'or, la première du pays dans cette discipline depuis 50 ans.

Martin Brodeur lève les bras au ciel et bondit de joie alors que tous ses coéquipiers se précipitent vers lui. C'est la fête, le moment est magique ! Les spectateurs manifestent bruyamment et dans les gradins, le photographe

émérite Denis Brodeur, père du gardien de but de l'équipe canadienne, est submergé par une vague d'émotions, alors qu'il s'efforce de photographier Martin et les joueurs de son équipe, qui l'entourent.

Denis Brodeur, qui a remporté une médaille de bronze avec l'équipe canadienne de hockey en 1956 lors des Jeux olympiques de Cortina d'Ampezzo, en Italie, voit les souvenirs surgir en un éclair. Il repense aux grands moments que son fils Martin a vécus depuis qu'il joue dans la Ligue nationale de hockey et qu'il a partagés avec lui : la remise du trophée Calder en

Martin Brodeur est entouré de quelques-uns de ses coéquipiers alors que débutent les célébrations de la conquête de la médaille d'or, à l'issue de la victoire décisive contre l'équipe des États-Unis, lors des Jeux olympiques de Salt Lake City, en février 2002.

1992, qui l'a proclamé meilleure recrue de l'année ; la première conquête de la Coupe Stanley des Devils du New Jersey en 1995 ; puis la seconde Coupe Stanley, cinq ans plus tard. Et maintenant, pour ajouter au bonheur, cette médaille d'or, remportée brillamment par le Canada, qui fait maintenant des Brodeur le premier duo père-fils de gardiens de but à avoir remporté des médailles olympiques en hockey. Un moment d'intense fierté pour Denis, comme il en a vécu plusieurs depuis des années. Cette médaille d'or que vient d'obtenir l'équipe canadienne lui rappelle aussi immanquablement un autre grand moment du hockey : la victoire de l'équipe canadienne aux

Un champion olympique fier de son exploit. Pour la première fois depuis 1952, l'équipe de hockey canadienne a remporté la médaille d'or lors des Jeux de 2002.

À l'issue de sa première saison dans la Ligue nationale, Martin Brodeur remporte le trophée Calder, attribué au meilleur joueur du circuit. Il devient ainsi le premier gardien de but originaire de Montréal, depuis Lorne Worsley en 1953, à recevoir cet honneur. Martin est préféré à Jason Arnott, le joueur de centre des Oilers d'Edmonton. Les deux joueurs allaient remporter la Coupe Stanley avec les Devils du New Jersey au printemps 2000.

dépens de l'équipe soviétique en 1972, lors du dernier match de cette série de rencontres que l'on a appelée « la série du siècle ». Denis avait alors eu l'occasion de prendre une série de clichés du but historique de Paul Henderson, qui firent par la suite le tour du monde. Ce fut décidément une année inoubliable, d'autant plus qu'elle fut aussi marquée par l'arrivée d'un autre membre dans la famille. Début mai 1972, c'est la fébrilité chez les Brodeur, à la résidence familiale de Saint-Léonard, en banlieue de Montréal. Quatre enfants dans la maison, ça occupe des parents ! Et voilà qu'un autre rejeton est sur le point de naître, celui qui sera le cadet de cette famille plutôt nombreuse pour l'époque.

Martin Brodeur soulève fièrement la coupe Stanley au bout de ses bras, entouré de ses coéquipiers Bobby Holik et Stéphane Richer, après la quatrième et décisive victoire des Devils contre les Red Wings de Detroit, au cours de la finale de 1995.

En compagnie de Pierre Villeneuve, un ami de la famille, Martin a l'occasion d'exercer son coup de patin sur la glace du Forum de Montréal, lors de la journée des photographes.

Martin et son « grand » frère, Claude Brodeur, qui fut aussi l'un de ses entraîneurs, sur la glace de l'aréna de Saint-Léonard, devenu depuis l'aréna Martin-Brodeur.

Un jeune joueur de hockey comme tant d'autres sur la patinoire de Saint-Léonard, avec deux de ses premiers entraîneurs, attendant impatiemment de pouvoir s'amuser.

« Tout ce que j'avais en tête était de m'amuser, d'avoir autant de plaisir sur la glace que j'en avais à jouer au hockey dans la rue, devant la maison, avec mon frère Denis. J'étais loin de rêver de jouer dans la Ligue nationale un jour, mais je savais une chose : j'adorais ce jeu, je ne me lassais jamais d'y jouer, que je marque des buts ou que je sois devant le filet. » MARTIN BRODEUR

Le jeune joueur de hockey, vêtu d'un casque protecteur blanc, prend les choses au sérieux et se concentre sur tout ce qu'on lui enseigne dans la catégorie prénovice.

Denis et Martin posent au côté de leur père Denis avant le début d'un entraînement à l'aréna.

C'est le 6 mai 1972 que Mireille Bérubé, l'épouse du photographe Denis Brodeur — ils se sont mariés en mai 1956 — donne naissance, à l'hôpital Bellechasse, à un gros poupon de neuf livres et demie, le troisième garçon de la famille, prénommé Martin. Alors que les filles du couple vont au fil des ans suivre des cours de diction et tourner plusieurs publicités télévisées, Claude, qui a 13 ans en 1972, excelle dans les sports, notamment au hockey et au baseball. Il fera même partie de l'organisation des Expos de Montréal durant quelques années avant d'accrocher son bâton à la suite d'une blessure. Quant à Denis junior, qui a à peine deux ans quand Martin naît, il deviendra l'inséparable compagnon de jeu de celui-ci.

L'une des premières photographies de Martin Brodeur vêtu de son uniforme de gardien de but, sur la glace de l'aréna.

Le jeune gardien en est à ses premiers balbutiements à titre de gardien de but, mais déjà il se tire bien d'affaire devant son filet. Il n'a pas peur d'affronter les tirs des adversaires et est souvent spectaculaire dans sa façon d'arrêter les rondelles.

« Martin n'a pas été un enfant différent des autres. Il aimait beaucoup jouer, surtout au hockey dans la rue, devant la maison, et il fallait toujours insister pour qu'il s'arrête un instant, le temps de manger. Denis et lui se relayaient pour venir prendre une bouchée, avant de retourner jouer », raconte sa mère. Mireille, native de Rivière-du-Loup, et Denis, né à Montréal, ont su inculquer des valeurs simples mais primordiales à leurs cinq enfants. « On a tenté de les élever dans le respect. On n'a jamais accepté que les enfants élèvent la voix, qu'il y ait de la dispute dans la maison. Et puis, comme nous sommes des gens calmes et de bons vivants, je pense

> Devant la résidence familiale, où il a disputé des milliers de parties de « hockey de rue » au cours de son enfance, Martin porte le vieil équipement de gardien de but de son père Denis. À cette époque, Martin capte les rondelles de la main droite. Mais sur la glace, il se sentira rapidement plus à l'aise avec le gant dans la main gauche.

que nous avons déteint sur eux. Denis et moi avons été chanceux : nous avons eu de bons enfants et il n'y a jamais eu de brouille entre eux. »

Les Brodeur sont et ont toujours été « tricotés serré ». Ça sent le bonheur chez les Brodeur. On s'aime et on ne rate pas une occasion de se le dire. Alors que Mireille veille à l'éducation des enfants et fait étalage de ses talents de cuisinière — encore aujourd'hui, Martin aime bien que maman lui prépare des croque-monsieur ou son célèbre sucre à la crème ! —, Denis se rend célèbre en captant sur pellicule des scènes de hockey au Forum de Montréal. D'abord, à l'époque de la naissance de Martin, il travaille pour le quotidien *Montréal-Matin,* puis à titre de pigiste, alors qu'il devient notamment le photographe officiel du Canadien et des Expos de Montréal. Passionné de hockey, l'ancien gardien de but assiste à toutes les parties du Tricolore au Forum ainsi qu'aux entraînements. À l'occasion, il y emmène ses fils, qui s'habituent ainsi à côtoyer les grandes vedettes de l'équipe, les Lafleur, Robinson, Savard, Cournoyer, Lemaire, Dryden.

« Martin a grandi entouré de mes souvenirs de gardien de but, en voyant toutes les photographies de hockey que je prenais et mes meilleurs clichés, qui avaient une place de choix dans la maison, en plus d'avoir la chance

LE PLAISIR DE JOUER

d'aller au Forum. Il a toujours baigné dans cet univers-là, et même si je sais qu'il aurait aussi bien pu se passionner pour la photographie, il a aimé le hockey très jeune. Pas nécessairement pour regarder des matchs à la télé, mais avant tout pour jouer au hockey», raconte son paternel. Ce sont Claude et Denis junior qui choisiront de suivre les traces de leur père, un témoin des 11 conquêtes de la Coupe Stanley du Canadien de Montréal, en devenant à leur tour photographes.

Martin Brodeur, tout petit bonhomme, les cheveux blonds frisés, l'air angélique — il figurera d'ailleurs lui aussi dans quelques publicités télévisées —, s'avère hyperactif et n'a qu'une chose en tête : jouer. L'été, c'est au baseball, mais aussi au hockey dans la rue avec une balle de tennis. Lorsque l'hiver arrive, le hockey prend toute la place, même qu'on joue dans le sous-sol avec un bas de laine roulé en boule et entouré de ruban adhésif en guise de rondelle.

Martin fait face aux tirs de son inséparable compagnon de jeu, son frère Denis.

Enfant, Martin est déjà sous les projecteurs : il reçoit les directives du réalisateur avant le tournage d'une publicité télévisée pour le compte de Sirois Jeans.

« Martin aimait les sports et il excellait tout autant au baseball, raconte son père. Il jouait comme arrêt-court et était aussi receveur. »

« J'avais quatre ans lorsque j'ai patiné pour la première fois à l'aréna Hébert à Saint-Léonard, se souvient Martin. Lorsque Denis et moi finissions l'école, on ne pensait qu'à une chose : aller jouer au hockey. J'ai passé un nombre incalculable d'heures à jouer dans la rue avec Denis et nos amis, à me prendre tantôt pour Ken Dryden, tantôt pour Guy Lafleur. »

Martin a cinq ans lorsque ses parents l'inscrivent au programme de hockey des prénovices. « Quand il a commencé à patiner, en s'appuyant sur une chaise pour ne pas tomber, on a tout de suite vu à quel point il aimait ça. S'il tombait, il se relevait aussitôt et lorsqu'il revenait à la maison, tout trempé, en un rien de temps, il était dehors pour jouer encore durant quelques heures au hockey. Je me souviens bien que la veille de ses premières parties, il couchait pratiquement avec son équipement de hockey ! On installait Denis et Martin sur la table pour les habiller, avec tout leur attirail, puis on les emmenait à l'aréna. »

Dès ses premières années dans le hockey organisé, Martin reçoit et partage quelques trophées avec des coéquipiers. Il a le meilleur des deux mondes : il s'amuse en jouant au hockey et est de surcroît honoré parce qu'il brille sur la patinoire.

Denis et Martin posent fièrement pour leur paternel qui, dès qu'il en avait le loisir, se rendait à l'aréna pour photographier ses enfants. « Mon métier m'amenait notamment à photographier les joueurs de hockey professionnels, mais lorsque je ne travaillais pas, je prenais énormément de photographies de mes enfants. »

> Nos trois garçons étaient des sportifs. Claude jouait au hockey et au baseball, Denis aimait aussi beaucoup le hockey et Martin, le bébé, voulait évidemment suivre les traces de ses frères. Nous en étions bien heureux, parce que Martin avait de l'énergie à revendre et il fallait insister à plusieurs reprises pour qu'il cesse de jouer, pour venir manger ou étudier.
>
> MIREILLE BRODEUR

LES JE ANN

Alors qu'il alternait entre la position de joueur d'avant et celle de gardien de but, Martin se livre avec ses coéquipiers à des exercices de patinage lors d'un entraînement. « Comme tous les jeunes de mon âge, j'avais hâte de jouer, mais pour dire la vérité, j'aimais aussi les exercices de toutes sortes qu'on nous faisait faire. C'est encore le cas aujourd'hui, j'ai du plaisir à m'entraîner », d'avouer Martin Brodeur.

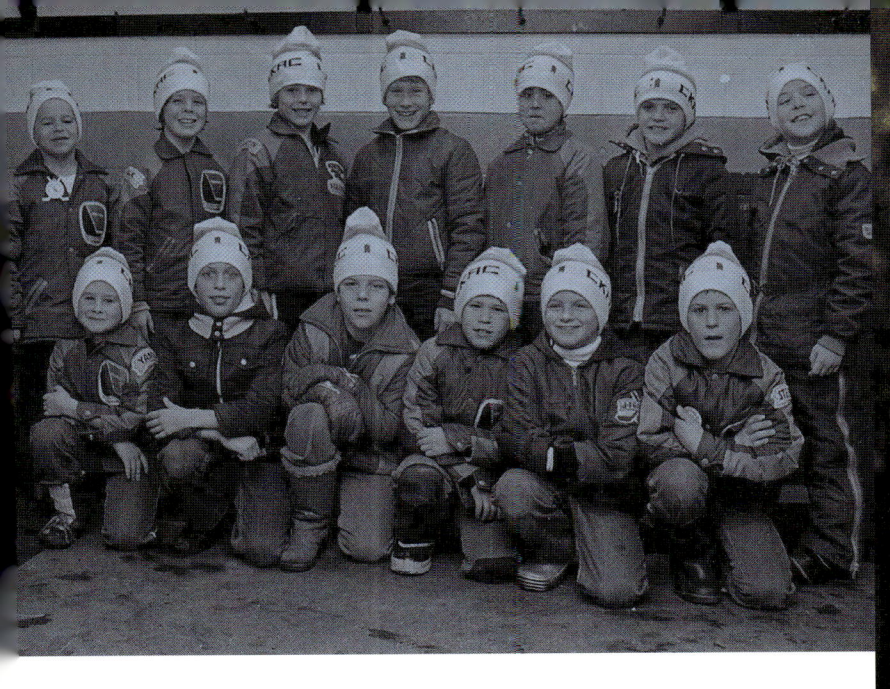

Peu importe le sport qu'il pratique, Martin démontre de belles aptitudes.

NES
ÉES

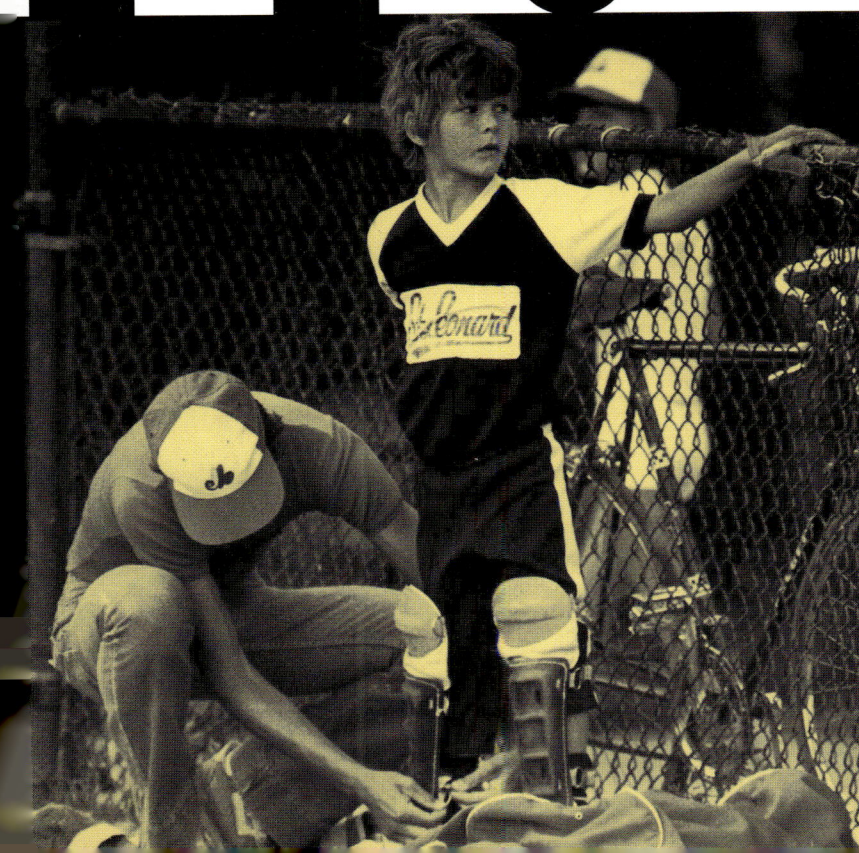

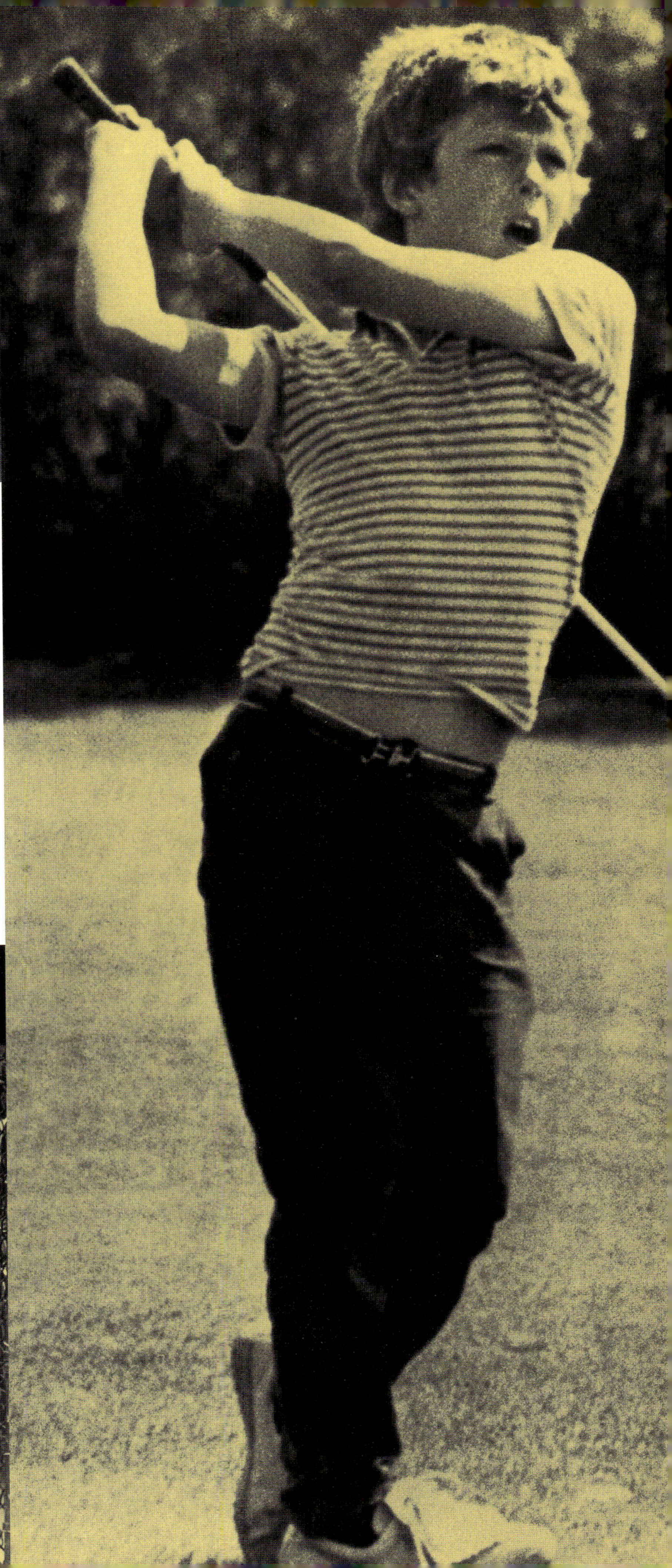

Martin, à gauche, en compagnie de son frère Denis, en vacances, sur la plage de West Palm Beach. Pendant qu'ils se payaient du bon temps, leur père Denis était occupé à photographier les joueurs des Expos de Montréal au camp d'entraînement de l'équipe.

Martin et Denis entourent leur frère Claude, qui faisait alors partie de l'organisation des Expos de Montréal. Les deux frères et la famille Brodeur s'étaient rendus le voir jouer à Jamestown.

« Martin était drôle, il demandait toujours à son grand frère Claude : "Vas-tu être là, si jamais il m'arrive quelque chose ?" Il tenait fermement à ce que Claude soit présent, et ce dernier se faisait bien sûr un devoir de se rendre à l'aréna avec ses amis pour voir jouer ses petits frères Denis et Martin. »

Roger Corbeil, qui était coordonnateur à la Ville de Saint-Léonard et entraîneur des novices, se souvient bien des premiers coups de patins de Martin Brodeur. « Il y avait des exercices de patinage avec des chaises, des cônes, des cordes à danser, mais tous les enfants attendaient surtout impatiemment le moment où il allaient enfin pouvoir *jouer* au hockey. On divisait alors la patinoire en quatre parties et on faisait des simulations de matchs. Martin aimait autant jouer à l'avant que garder les buts. À tour de rôle, les jeunes devaient aller garder les buts, et si certains étaient craintifs, avaient peur de la rondelle et tournaient la tête au moment où un joueur décochait un lancer, Martin, lui, aimait déjà défier les joueurs et faire face à l'action », raconte-t-il.

Déjà à cet âge, Martin démontre de belles aptitudes. Les heures passées à jouer au hockey dans la rue, à manier la rondelle, à faire des arrêts acrobatiques avec son gant lui permettent de se distinguer. L'année suivante, alors qu'il évolue dans la catégorie novices, Martin joue autant à l'avant que devant les buts. « J'avais deux sacs d'équipement et il m'est souvent arrivé de pleurer en arrivant à l'aréna, lorsque je constatais que j'avais oublié quelques pièces d'équipement dans mon autre sac! raconte Martin en rigolant. À ce moment-là, il ne m'est jamais venu à l'esprit de seulement garder les buts. J'aimais autant compter des buts qu'être devant le filet. Mais je ne pouvais pas avoir le meilleur des deux mondes et il a fallu trancher à un certain moment. »

Martin pose aux côtés de Chris Nilan du Canadien de Montréal, lors de la journée annuelle consacrée aux journalistes et aux photographes, qui avait lieu au Forum, peu avant Noël.

Martin Brodeur n'est âgé que de sept ans lorsque les entraîneurs lui expliquent qu'il doit prendre une décision : ou bien il évolue à l'avant, ou bien il garde les buts, il ne peut plus jouer aux deux positions. Martin est d'abord déçu d'être forcé de choisir, mais il ne tarde pas à prendre position : « OK, je vais être gardien de but. » Le choix de garder les buts s'est fait tout naturellement, sans aucune pression de la part des membres de sa famille. À cet âge-là, on est loin de se douter, bien que plusieurs jeunes en rêvent, que fiston atteindra un jour la Ligue nationale !

Comme ils l'avaient fait au cours des années précédentes pour leurs fils Claude et Denis, Mireille et Denis Brodeur s'impliquent à fond pour permettre à Martin de s'adonner à sa passion pour le hockey. Comme tant d'autres parents, ils se lèvent tôt pour aller conduire Martin à l'aréna et ils demeurent sur place pour regarder jouer fiston. Lyne, la grande sœur, et Claude se chargent aussi bien souvent d'emmener Martin à l'aréna lorsque le photographe est au travail.

Denis, heureux du choix qu'a fait Martin de garder les buts, même s'il excellait aussi comme joueur de centre, ne met pas de pression sur son fils.

Avant le début d'un match, Martin et un ami, Marc Farrell, ont l'occasion de se faire photographier en compagnie du jeune joueur de centre Guy Carbonneau, alors à ses débuts avec le Canadien.

> Le jeune gardien gravit les échelons du hockey mineur les uns après les autres. Il n'a pas l'occasion de faire partie d'équipes gagnantes et reçoit beaucoup de lancers, mais il se débrouille plutôt bien devant le filet.

Martin, dans l'uniforme de l'équipe Montréal-Bourassa, catégorie bantam.

Pas question de lui prodiguer des conseils outre mesure ; même qu'il lui arrivera rarement de chausser les patins en sa compagnie. Il le laisse aller, poussé par sa passion, réalisant que le troisième de ses fils est lui aussi très porté sur le sport et que l'important, c'est qu'il ait du plaisir. Et c'est ce que fait Martin. Il joue au hockey à l'aréna de Saint-Léonard avec son équipe, parfois avec ses amis à la patinoire de l'école Ferland, située près de la maison, et surtout, beau temps mauvais temps, été comme hiver, en souliers de course ou en bottes dans la rue.

Martin, encouragé par ses frères, particulièrement Claude, un colosse qui a joué à la défense un peu plus d'une saison dans la Ligue de hockey junior majeur du Québec (LHJMQ) avec les Saguenéens de Chicoutimi, avant de se tourner vers le baseball, démontre rapidement beaucoup de sérieux malgré son jeune âge. Il s'applique à bien couvrir ses angles, à tenter d'anticiper les jeux des joueurs adverses. Christian Bergeron, le frère de Michel, qui a fait une belle carrière comme entraîneur-chef dans la LHJMQ avant de diriger les Nordiques de Québec et les Rangers de New York, se souvient bien des premiers pas de Martin sur la glace. Entraîneur à différents niveaux dans le hockey organisé durant 18 ans, il a dirigé Martin avec les Cougars de Saint-Léonard pendant 2 ans au niveau atome AA. « Martin avait neuf ans et il était vraiment facile de composer avec lui malgré son jeune âge. Il écoutait beaucoup et on sentait qu'il voulait en apprendre le plus possible pour devenir un bon gardien. Son frère Claude était entraîneur adjoint et Martin lui vouait beaucoup de respect ; il aimait jouer, mais il était sérieux. C'était un p'tit gars bien élevé qui savait respecter l'autorité », raconte-t-il.

Lors de l'exercice d'avant-match, Martin surveille de près les joueurs du Canadien et plus particulièrement les mouvements du gardien du Tricolore, Richard Sévigny. On reconnaît à l'arrière-plan Chris Nilan, Ryan Walter et Mats Naslund.

« Nous n'avons jamais envoyé Martin dans une école de hockey l'été, parce que nous voulions qu'il profite de la belle saison et qu'il puisse venir au chalet, partir en vacances avec la famille. Il jouait au baseball — il était un bon lanceur et un bon joueur d'arrêt-court —, on l'a initié au golf et on a fait aussi plusieurs voyages », se rappelle son père. Martin passe aussi beaucoup

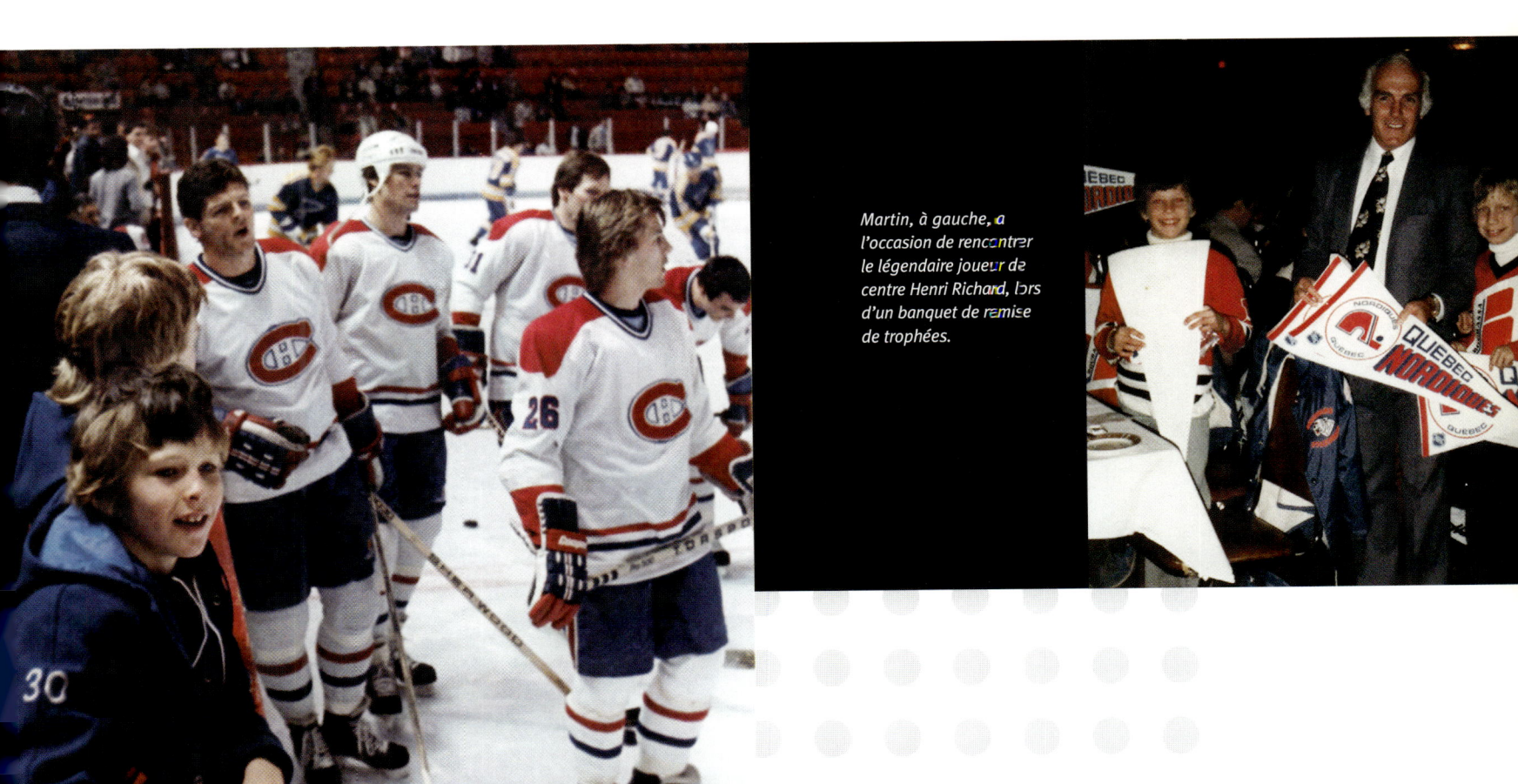

Martin, à gauche, a l'occasion de rencontrer le légendaire joueur de centre Henri Richard, lors d'un banquet de remise de trophées.

de temps, l'été, avec sa famille au chalet situé à Saint-Jean-de-Matha, où il s'occupe entre autres à cueillir des balles de golf égarées dans les boisés entourant le terrain de golf local!

« L'hiver, puisque je travaillais comme photographe pour l'organisation des Expos de Montréal, je devais me rendre au camp d'entraînement à West Palm Beach durant environ deux semaines pour y faire des photos. Nous emmenions alors Denis et Martin, qui avaient ainsi la chance de côtoyer les joueurs de baseball et de faire une pause durant l'année scolaire. » C'est aussi alors congé de hockey pour Martin, qui, dès son retour, reprend sa place devant le but de son équipe, avec son équipement fourni par le Service des sports et loisirs de la Ville de Saint-Léonard.

Après avoir joué au hockey dans la catégorie pee-wee, Martin grimpe au niveau bantam AA. C'est une année importante pour tout jeune joueur, mais Martin, au fil des semaines, se désintéresse du hockey. Son frère Claude raconte : « Ça n'a pas cliqué avec son entraîneur. Il ne jouait pas autant qu'il l'aurait souhaité et ça a coïncidé avec le moment où il a commencé à faire du ski. Il a soudainement décidé d'abandonner le hockey. Je me suis assis avec lui pour lui parler, je lui ai expliqué que s'il faisait le bantam et qu'il se débrouillait bien, il aurait peut-être ensuite la chance d'être accepté dans le midget AAA. "C'est ton choix, lui ai-je dit, mais si t'arrêtes là, quand tu auras 40 ans, tu vas peut-être te dire que t'aurais dû continuer, au moins essayer. Donne-toi une chance d'y arriver, et si ça ne marche pas, t'auras au moins essayé." » Claude parlait en connaissance de cause, lui qui a dû mettre un terme à sa carrière de joueur de baseball lorsqu'il s'est blessé à un bras.

« J'ai toujours eu un doute dans ma tête. Je me suis toujours demandé si j'aurais pu aller plus loin, jouer dans la Ligue nationale avec les Expos. Quand t'as la possibilité d'aller jusqu'au bout, faut que tu sois sérieux et que tu y ailles. C'est ce que j'ai dit à Martin : "Ôte les doutes dans ta tête, et le jour où on te dira que t'es pas assez bon, tu rentreras à la maison, mais au moins, tu n'auras pas de remords." Martin avait alors 14 ans, ça l'a peut-être réveillé que je lui parle ainsi. » Martin se souvient bien de cette année. « Moi, je jouais pour le *fun,* et là, je n'en avais pas beaucoup, parce que je ne jouais presque pas, du fait que j'étais le plus jeune. Ça a duré peut-être un mois, cette période de découragement au cours de laquelle je suis allé au camp d'entraînement des Expos, avec mon père. À mon retour, j'ai commencé à faire du ski et c'est vrai que si Claude ne m'avait pas parlé, je ne sais pas ce qui se serait passé. »

Le jeune Brodeur avait compris la leçon. C'est avec détermination et en démontrant beaucoup de sérieux qu'il a remis ses jambières. Le talent aidant, après deux saisons dans la catégorie bantam AA, il a finalement été admis dans le midget AAA, où il a commencé à attirer l'attention des recruteurs et des journalistes qui couvraient la scène amateur. Le journaliste Marc Lachapelle écrira d'ailleurs dans *Le Journal de Montréal* en 1989 au sujet de Martin : « À son arrivée dans la Ligue midget AAA, il était classé comme le meilleur espoir chez les gardiens. » L'avenir se précisait de plus en plus pour l'adolescent.

Le chemin pour se rendre à la Ligue nationale est long et Martin Brodeur a l'occasion de faire partie de plusieurs équipes de hockey. Même si la plupart en rêvent, rares sont ceux qui parviendront à réaliser leur rêve.

LES PRE
ÉQU

1. Martin, le troisième à partir de la droite, première rangée. La seule photographie d'équipe où il n'est pas gardien de but, en 1979.

2. Dans la catégorie atome AA, en 1983.

3. L'équipe novice A spécial de Saint-Léonard, une formation étoile qui compte dans ses rangs le futur gagnant de deux coupes Stanley dans la Ligue nationale.

4. L'équipe atome AA, dirigée par Paul Brunet, Christian Bergeron et Claude Brodeur.

5. Dirigée par le frère de l'entraîneur Michel Bergeron, Christian, l'équipe pee-wee AA dans laquelle jouait Martin Brodeur.

D'équipe en équipe, Martin Brodeur s'affirme devant le filet.

MIÈRES
PES

Les années passent, les équipes se succèdent et Martin ne cesse de s'améliorer.

6. À sa première année dans les rangs pee-wees.

7. Le jeune gardien de but alors qu'il évolue avec le club Inter Cité de Montréal-Nord.

8. Dans les rangs bantams BB, avec l'équipe Montréal-Bourassa.

9. En 1988, Martin reçoit le trophée du meilleur joueur du tournoi estival de hockey bantam.

10. À cette époque, en 1988, Martin commence à retenir l'attention des gens qui gravitent dans le hockey mineur de Saint-Léonard et de la région est de Montréal.

OBJECTIF LNH

L'ÉMERGENCE DU TALENT

L'été 1988 fut un moment déterminant dans la carrière de Martin Brodeur. Voilà qu'il allait se faire servir sur un plateau d'argent l'occasion de connaître véritablement son potentiel à titre de gardien de but.

« On m'a téléphoné pour me demander de participer à un tournoi pour les moins de 16 ans à Calgary, avec l'équipe Québec Midget. Je ne savais pas où je me classais avec mon talent, parce qu'avec mon équipe bantam, on ne gagnait jamais, mais je *goalais* quand même assez bien. Ce tournoi, qui réunissait les 100 meilleurs espoirs du pays, m'a permis de me comparer aux autres jeunes de mon âge », explique-t-il. Deux ans plus tard, il confiera à un journaliste de Montréal : « C'est à Calgary que j'ai réalisé mon potentiel et que j'ai décidé que le hockey serait dorénavant toute ma vie. J'avais gardé les buts du Québec pour trois des quatre matchs et je m'étais fort bien tiré d'affaire. »

Martin Brodeur démontre de belles aptitudes dans l'uniforme du Montréal-Bourassa de la Ligue midget AAA. Les recruteurs de la Ligue junior majeur du Québec étudient les faits et gestes de ce gardien qui, à la fin de la saison 1988-1989, présentera de meilleures statistiques que deux autres gardiens ayant porté ce même uniforme avant lui, soit Stéphane Fiset et Félix Potvin.

« Je savais que j'allais monter dans la Ligue junior majeur du Québec après ma saison dans le midget AAA, ce qui allait me permettre par la suite, avec un peu de chance, de me faire repêcher par une équipe de la Ligue nationale. Quand j'y repense, les choses se sont déroulées assez rapidement pour moi. »

Norman Flynn, aujourd'hui analyste au Réseau des Sports, était alors l'entraîneur du Canadien de Montréal-Bourassa dans la ligue de perfectionnement midget AAA, l'équipe à laquelle s'est joint Martin à la fin de l'été 1988. « La région Bourassa (dans le nord de Montréal) a toujours été une bonne pépinière de gardiens de buts; avant Martin, avec la même équipe, j'ai été l'entraîneur de Stéphane Fiset (1986-1987) et de Félix Potvin (1987-1988). Qu'il s'agisse d'un match ou d'un exercice, on remarquait tout de suite chez Martin qu'il s'amusait, qu'il aimait la *game*. Il avait une bonne base, il couvrait bien ses angles et surtout, il voulait apprendre. Mario Baril était

Martin Brodeur, alors membre de l'équipe Montréal-Bourassa, pose en compagnie des gardiens Stéphane Fiset et Félix Potvin, qui jouaient à cette époque dans la LHJMQ, et de Mario Baril, qui fut l'entraîneur des trois gardiens de but. La scène se passait avant la présentation d'un match des étoiles opposant les joueurs des deux ligues.

Martin pose en compagnie de ses coéquipiers de l'équipe d'étoiles et de l'entraîneur Norman Flynn.

> Martin aimait beaucoup le gardien de but Ron Hextall, qui jouait pour les Flyers de Philadelphie, et comme lui, il défendait bien son territoire, se servait de son bloqueur pour repousser les joueurs, mais jamais avec l'intention de blesser qui que ce soit. Il ne posait pas de gestes inutiles. Il avait du talent, mais sa force était sa confiance en ses moyens. Il savait qu'il était bon, mais il n'a jamais cessé de travailler pour s'améliorer.
>
> **MARIO BARIL**
> entraîneur de gardiens de but

Martin, à l'œuvre lors du match des étoiles de la Ligue midget AAA, disputé en 1989.

l'entraîneur des gardiens de but de l'équipe et il a beaucoup travaillé avec lui pour qu'il s'améliore », confie-t-il. Mario Baril a œuvré durant 23 ans comme entraîneur de gardiens de but dans le hockey amateur au Québec. Il a prodigué ses conseils entre autres à Stéphane Fiset, Félix Potvin, Roberto Luongo, José Théodore, Pascal Leclaire et Maxime Daigneault. Il a côtoyé Martin durant plusieurs années, et l'a aussi vu grandir et évoluer dans son milieu familial, parce qu'il était un bon ami de Claude Brodeur, avec qui il avait joué dans le junior B.

« Martin a appris comment travailler avec un autre gardien — il partageait alors les filets avec Éric Raymond — et il s'est beaucoup développé. On voyait qu'il avait des aptitudes. Il patinait bien, travaillait bien derrière son filet, et plus la saison avançait, plus il s'affirmait. Il avait une bonne éthique de travail, une bonne technique et il faut dire aussi qu'il prenait beaucoup de place devant le filet. Lui qui était si petit, il avait grandi d'un coup à 15-16 ans et il mesurait alors 1,80 m (5 pi 9 po) et pesait 76,5 kg (168 lb). »

Pendant tout ce temps, Denis Brodeur épie les faits et gestes de son fils avec son appareil photo. Il n'a pas non plus la langue dans sa poche lorsqu'il va prendre des photos du Canadien de Montréal au Forum, confiant avec fierté aux Claude Lemieux et Stéphane Richer que son fils Martin est « un bon p'tit gardien », peut-être en voie d'atteindre un jour la Ligue nationale. Curieusement, ces deux joueurs du Canadien vont changer d'adresse par la suite et gagner la Coupe Stanley en 1995 avec Martin Brodeur et les Devils du New Jersey !

Martin complète donc sa saison avec le Montréal-Bourassa, où il conserve une moyenne de 3,72 en 27 matchs, remportant 13 victoires. Denis commence à croire aux chances de son fils de devenir gardien de but professionnel, d'autant plus que son benjamin retient l'attention de plusieurs collèges américains. Il décide alors de demander conseil à des experts. « Un jour, j'étais au Forum de Montréal et j'ai décidé de demander conseil à Serge Savard, à Ronald « le prof » Caron et à Jean Perron. Était-il préférable pour Martin de jouer avec une équipe d'un collège américain ou dans la Ligue junior majeur du Québec ? Ils ont tous été du même avis : si Martin va jouer aux États-Unis, il va jouer cinq ou six parties durant l'hiver et il va s'exercer deux heures par jour. Si vous pensez qu'il a le talent pour aller loin, il va progresser

L'équipe midget AAA Montréal-Bourassa, pour laquelle Martin évolue, est sacrée championne du Tournoi international de hockey de Saint-Léonard.

beaucoup plus vite en jouant au Québec, en recevant régulièrement de 40 à 45 lancers par partie, m'ont-ils dit. On en a discuté, Martin et moi, et il était bien d'accord pour poursuivre sa carrière au Québec. » Martin rêve alors de plus en plus à la Ligue nationale de hockey. Sur les murs de sa chambre, trois grandes photos prises par son père au Forum sont affichées, des images de ses idoles : les gardiens de but Patrick Roy du Canadien, Ron Hextall des Flyers et Sean Burke des Devils. Il admire particulièrement la dextérité d'Hextall, sa façon de travailler hors de son filet, mais Roy est son idole, comme celle de centaines de milliers de jeunes Québécois.

Les trois photographies des idoles de Martin, affichées sur le mur de sa chambre. Brodeur a depuis ses débuts surpassé Hextall et Burke, et pourrait bien un jour menacer le record du plus grand nombre de victoires dans la Ligue nationale par un gardien de but, détenu par Patrick Roy.

Été 1988. Martin est invité à Calgary au Festival national de hockey des moins de 17 ans. Cette invitation, puis ses performances réalisées là-bas, lui donneront une énorme dose de confiance. « Martin savait qu'il avait du talent, mais lors de cet événement, en repoussant les tirs des autres joueurs, il a compris qu'il était suffisamment bon pour espérer jouer dans la Ligue nationale un jour », raconte son père.

Claude Carrier, alors dépisteur à temps partiel pour les Devils du New Jersey au Québec, se souvient d'avoir vu Martin jouer à quelques reprises avec le Montréal-Bourassa en 1988-1989. « Je me souviens d'un samedi, après avoir vu jouer Martin pour la première fois, j'ai dit à ma femme et à mes enfants : "C'était l'*fun* aujourd'hui parce que j'ai vu un bon gardien, un jeune qui a l'air *cool,* qui a du cran et qui manœuvre très bien avec la rondelle." » Une première impression qui va l'amener à recommander fortement à Lou Lamoriello, directeur général des Devils, de sélectionner Martin lors du repêchage de la Ligue nationale de hockey en 1990.

Une idole qui s'appelait Patrick

Au cours de la saison 1985-1986, les amateurs de hockey du Québec craquent pour une verte recrue, un gardien de but de 20 ans du nom de Patrick Roy.

À sa première campagne avec le Canadien de Montréal, Roy participe à 47 matchs, remporte 23 victoires et conserve une moyenne de buts accordés de 3,35. Cela lui vaudra d'être élu sur l'équipe d'étoiles des recrues de la Ligue. Mais c'est au printemps 1986 que Roy devient un véritable héros, lors des séries éliminatoires.

Le Canadien, mené par le brio de Roy et notamment de Claude Lemieux (10 buts, 6 passes en 20 matchs) à l'attaque, accomplit l'impossible : ramener la Coupe Stanley à Montréal. Patrick Roy dispute 20 matchs, en remporte 15 et conserve une incroyable moyenne de buts accordés de 1,92. Une performance qui lui permettra non seulement de boire le champagne dans la coupe Stanley, mais également de remporter le trophée Conn Smythe, décerné au joueur le plus utile à son équipe dans les séries de fin de saison.

Lorsque le Canadien remporte la Coupe Stanley en 1986, sa première depuis 1979, Martin Brodeur est âgé de 14 ans. Il s'identifie rapidement à Roy, devenu son idole. Lorsque les joueurs du Canadien défilent dans les rues de la métropole à la fin de mai, sous un soleil de plomb, avec la 23e coupe Stanley de l'histoire du club, devant des dizaines de milliers de *fans*, Martin est sur place pour voir de près les nouveaux champions de la LNH.

« Mon frère et moi avions décidé de ne pas aller à l'école pour aller voir le défilé. Avec des amis, nous étions partis de Saint-Léonard à bicyclette jusqu'au centre-ville, pour nous rendre au coin des rues Peel et Sainte-Catherine. Nous avions appuyé nos BMX verticalement contre un poteau, l'une par-dessus l'autre et, juchés dans les airs, nous tenant pour ne pas tomber, nous avons pu ainsi voir parfaitement passer les joueurs et la fameuse coupe Stanley », raconte Martin.

Il ne se doute pas alors que neuf ans plus tard, à l'été 1995, c'est face à la maison de son enfance, à Saint-Léonard, qu'il va célébrer en grande pompe avec parents, amis et curieux la conquête du précieux trophée par son équipe, les Devils du New Jersey.

Le choix de Jacques Lemaire

C'est le samedi 27 mai 1989, à l'aréna Maurice-Richard, que se déroule le repêchage de la Ligue de hockey junior majeur du Québec. Les 22 meilleurs espoirs proviennent tous de la Ligue midget AAA. Parmi ceux-ci, on note les jeunes Martin Lapointe et Patrick Poulin. Chez les gardiens, Martin Brodeur est le mieux coté et c'est ainsi la troisième année consécutive, après Félix Potvin et Stéphane Fiset, que le Canadien de Montréal-Bourassa compte dans ses rangs le meilleur gardien de la Ligue.

Quelques jours avant le repêchage, une nouvelle retient toutefois l'attention dans le domaine du hockey junior. On apprend que le Canadien junior de Verdun, établi dans cette ville depuis la saison 1982-1983, a été vendu à des gens d'affaires de Saint-Hyacinthe. Jacques Lemaire, alors directeur général du Canadien junior, sera toutefois à son poste lors du repêchage de la Ligue, et c'est lui qui prendra les décisions.

Ce sont 178 joueurs, dont 113 de la Ligue midget AAA, qui sont repêchés par les 11 équipes du circuit Courteau. Patrick Poulin, de Sainte-Foy, âgé seulement de 15 ans, est le tout premier choix, sélectionné par le Canadien junior. Lors de la troisième ronde, Martin Brodeur sera le premier choix de Jacques Lemaire, le 23e au total. Le jeune gardien de but est aux anges et pose avec Jacques Lemaire, que son père a à maintes reprises photographié sur la glace du Forum dans l'uniforme du tricolore. Martin porte pour la première et dernière fois le chandail du Canadien.

Quelque temps plus tard, la transaction sera rendue officielle : le Canadien junior de Verdun devient le Laser de Saint-Hyacinthe et évoluera au stade L.-P.-Gaucher. L'équipe, qui a terminé au cours des trois saisons précédentes au dernier rang du classement, pourra aussi compter sur un nouvel entraîneur en la personne de Norman Flynn. « Avant qu'il ne monte dans le junior majeur, Martin avait certainement les outils pour réussir, mais je dois avouer qu'au cours de ma carrière, j'ai aussi vu beaucoup de jeunes qui

Martin Brodeur pose fièrement en compagnie de Jacques Lemaire, du Canadien junior, qui vient de le sélectionner lors du repêchage de la Ligue de hockey junior majeur du Québec. Six ans plus tard, les deux hommes allaient remporter la Coupe Stanley ensemble.

avaient les outils, mais pour qui le vent a malheureusement mal tourné pour toutes sortes de raisons. Martin, lui, a continué de progresser : il avait une bonne tête », précise Flynn.

Au cours de l'été 1989, Martin participe à sa première école de hockey. Au complexe sportif Les 4 Glaces de Brossard, durant une dizaine de jours,

Martin et Vladislav Tretiak posent en compagnie de participants à l'école de hockey du célèbre gardien de but russe. À l'extrême gauche, on reconnaît le jeune gardien José Théodore.

Martin effectue des déplacements devant le filet, surveillé attentivement par Tretiak, lors de sa participation à l'école du maître.

il devient l'élève d'un maître, le grand gardien russe Vladislav Tretiak. « Il était impressionnant de penser que c'était Vladislav Tretiak qui était là, sur la glace, à m'enseigner comment être un meilleur gardien de but, à me donner des trucs qui lui ont permis de connaître tant de succès sur la scène internationale. C'était ma première participation à une école de hockey, et franchement, je ne pouvais vraiment pas demander mieux ! » Tretiak et Martin s'entendent si bien que l'été suivant Martin sera l'un des adjoints du gardien à son école de hockey.

Vladislav Tretiak a autographié cette photographie pour Martin, d'abord son élève puis son adjoint à son école de hockey. Les deux hommes sont demeurés de grands amis et ont eu l'occasion de se croiser à maintes reprises depuis, notamment en février 2002, lors du tournoi olympique de hockey.

> Pour le jeune Brodeur, le changement est assez brusque. À 17 ans, il doit quitter le nid familial pour aller vivre en pension. Il s'inscrit en sciences humaines au Cégep de Saint-Hyacinthe, dans le cadre du programme Sports-Études.

« Plus de la moitié des joueurs de l'équipe étaient des recrues, des jeunes que je connaissais beaucoup. Ça faisait trois ans qu'ils n'avaient pas gagné et qu'ils étaient exclus des éliminatoires; l'équipe n'avait remporté que 12 matchs la saison précédente. J'ai réuni les vétérans et je leur ai dit : "Les gars, je ne vous connais pas beaucoup, mais les jeunes, les *kids* qui sont de l'autre bord, je sais qu'ils vont se défoncer pour ce club-là et qu'ils vont vouloir faire leurs preuves". Et j'ai ensuite dit aux recrues : "Les gars, vous avez 16-17 ans, c'est le temps de vous trouver des jobs, de vous faire remarquer." Le gardien de l'équipe était un vétéran, Yanick DeGrâce, qui a été repêché par les Flyers de Philadelphie en 1991. Mario Baril, mon entraîneur des gardiens de but dans le midget AAA, m'avait suivi dans cette aventure avec le Laser. Je lui avais dit : "On connaît Martin, prépare-le-moi pour la deuxième moitié de saison pendant que Yanick, le vétéran, va prendre la pression pour débuter" », raconte Norman Flynn.

Mais les données changent rapidement. Martin est appelé à partager régulièrement le filet avec l'autre gardien du Laser, et il devient en peu de temps l'une des sensations de la Ligue, multipliant les arrêts spectaculaires devant le filet. Le Laser étonne en se maintenant au milieu du peloton des équipes

Martin en compagnie de Pierre Pétroni, à gauche, et de Norman Flynn, deux hommes de hockey qui ont joué un grand rôle dans ses succès.

Le père et le fils exhibent leur masque : l'un des premiers que Martin a porté dans les rangs juniors et celui de Denis, véritable relique, qui fut le premier du genre à être porté dans les rangs amateurs. Jacques Plante avait été le précurseur en portant un masque semblable pour la première fois dans la Ligue nationale le 1er novembre 1959.

« C'est avec le Laser que j'ai vraiment vu qu'il avait du talent et qu'il pouvait rêver à la Ligue nationale. Il gardait toujours son club dans la partie par ses arrêts et il semblait, du jour au lendemain, avoir acquis beaucoup de maturité. Le talent a émergé, il a démontré sa force de caractère et surtout, un calme extraordinaire, une qualité primordiale chez un gardien de but. Je suis devenu son partisan numéro un », raconte son frère Claude.

de la LHJMQ. En novembre, la formation de Norman Flynn est d'ailleurs le club de l'heure, installé au quatrième rang du classement général. Patrick Poulin est le meilleur attaquant recrue de la Ligue, suivi de près par Martin Lapointe du Titan de Laval, alors que Pierre Sévigny domine la colonne des marqueurs du Laser. Le gardien Martin Brodeur, devenu le numéro un de l'équipe, est proclamé joueur du mois de novembre du circuit Courteau. Norman Flynn ne se gêne d'ailleurs pas pour clamer que Martin est le grand responsable du succès que connaît le Laser de Saint-Hyacinthe.

Est-ce le départ de la maison pour aller vivre dans une autre ville ou la possibilité de se démarquer et de se faire repêcher par une équipe de la Ligue nationale qui a rendu Martin si sérieux ? Chose certaine, l'adolescent sait ce qu'il désire. « Je ne voulais pas négliger mes cours à l'école, mais maintenant que j'étais rendu là, dans le junior majeur, je voulais avoir le plus de glace possible afin de m'améliorer, parce que je savais bien sûr que j'allais être éligible au prochain repêchage de la LNH en juin 1990 », avoue le gardien.

Le Laser de Saint-Hyacinthe de la LHJMQ, en 1990.

Félix Potvin et Martin Brodeur entourent le jeune gardien Martin Brochu, en 1990. Ce dernier allait, deux ans plus tard, signer un contrat à titre d'agent libre avec le Canadien de Montréal.

Incidemment, le dépisteur des Devils, Claude Carrier, scrute les faits et gestes de Martin à la loupe, déjà convaincu qu'il pourrait être le gardien d'avenir des Devils du New Jersey. « J'aimais le voir garder les buts. Il s'améliorait, conservait son calme et il semblait être agréable avec ses défenseurs : il avait une bonne communication avec eux. J'aimais aussi sa physionomie, comment il se comportait. Les premières fois où je lui ai parlé, j'ai tout de suite constaté qu'il avait eu une bonne éducation et qu'il était un bon garçon. »

Tout augure bien pour Martin, à six mois du repêchage de la LNH. Il brille avec le Laser et on affirme déjà qu'il pourrait être sélectionné en première ronde. Bref, les choses s'annoncent plutôt bien pour le gardien de but.

Un grand moment chez les juniors

Le 20 janvier 1990 se déroule au Centre sportif Laval le match des Espoirs de la LHJMQ contre Équipe Québec Junior. Les Espoirs forment une équipe composée de 19 joueurs éligibles au repêchage de la LNH de 1990. Une formation étoile à qui on concède peu de chances de vaincre Équipe Québec Junior, qui compte entre autres dans ses rangs les défenseurs Patrice Brisebois et Karl Dykhuis, et les avants Patrick Lebeau, Pierre Sévigny et Martin Lapointe. Choisi parmi les Espoirs, Martin est flatté et excité à l'idée de disputer un tel match. Son équipe compte entre autres sur les services de Yanic Perreault. Brodeur va partager le filet avec Félix Potvin des Saguenéens de Chicoutimi, un gardien âgé de 18 ans qui en est à sa deuxième saison dans la LHJMQ.

Au cours du match d'étoiles, Martin résiste à une attaque de Martin Lapointe.

Surprise lors de ce match des étoiles : les Espoirs l'emportent par la marque de 6-5 en prolongation devant un peu plus de 2 000 spectateurs. Potvin fait face à 16 lancers, cédant à deux reprises, tandis que Martin repousse 32 des 35 tirs dirigés vers lui. Un grand moment pour Martin, qui est égal à lui-même, c'est-à-dire spectaculaire et efficace. Martin Brodeur sait fort bien, depuis décembre en fait, qu'il figure parmi les plus beaux espoirs de la Ligue en vue du repêchage, grâce à sa tenue avec le Laser depuis le début de la saison. En janvier, la Centrale de dépistage de la Ligue nationale dévoile sa liste du classement des meilleurs espoirs juniors. Chez les avants, Mike Ricci

(Peterborough), Owen Nolan (Cornwall) et Peter Nedved (Seattle) mènent le bal. Chez les gardiens, seul Trevor Kidd, 17 ans, des Wheat Kings de Brandon de la Western Hockey League (WHL), devance Martin. « Martin était vraiment excellent, et lors de certains matchs, il accomplissait véritablement des prodiges pour nous permettre d'avoir une chance de gagner. Je me rappelle qu'après les fêtes, en janvier, nous avions affronté les Olympiques à Hull. Nous l'avions emporté 5-3 et Martin avait reçu au total 60 lancers ! J'avais confié aux journalistes après la partie : "Je pense que vous pouvez mettre une étiquette LNH sur lui à compter de maintenant", raconte Norman Flynn.

Le 9 mars, lors d'un match contre les Draveurs de Trois-Rivières, Martin subit une blessure au coude qui le tiendra à l'écart du jeu durant deux semaines. Le Laser de Saint-Hyacinthe complète la saison au septième rang du classement avec 76 points, 50 de plus que la saison précédente pour le Canadien junior de Verdun ! Martin complète sa première campagne dans le junior majeur avec une fiche de 23 victoires, 13 défaites et 2 verdicts nuls en 42 parties, et présente une moyenne de buts accordés de 4,01. Il est sans surprise élu dans l'équipe d'étoiles des recrues de la Ligue. « La force de Martin était entre les deux oreilles. Il avait confiance en ses moyens et savait deviner les jeux des attaquants adverses. Il est sans contredit le meilleur patineur chez les gardiens que j'ai vu au cours de ma carrière, confie Mario Baril, l'entraîneur des gardiens de but du Laser en 1989-1990. Il maîtrisait bien le style papillon, mais sa façon de garder les buts rappelait aussi les styles de quelques gardiens de la Ligue nationale des années 1960. »

« Norman et Mario m'ont donné la chance de jouer et d'aller plus loin. C'était à moi de bien jouer et de faire mes preuves », confie Martin.

Les éliminatoires de la Ligue junior majeur du Québec se mettent en branle ; le Laser est opposé aux Draveurs de Trois-Rivières. Un affrontement qu'on dit gagné d'avance par les Draveurs, qui ont remporté toutes les parties opposant les deux équipes durant la saison. Les Draveurs remportent le premier match, mais le Laser surprend en égalisant les chances lors de la deuxième rencontre. La série est passablement rude et Brodeur se fait bousculer : on tente de le déconcentrer. Au grand étonnement des parieurs, ce qui ne devait être qu'une formalité tourne au cauchemar pour les partisans des Draveurs : Saint-Hyacinthe élimine Trois-Rivières en sept rencontres et Martin Brodeur fait écarquiller les yeux des amateurs de hockey, mais également des dépisteurs de la LNH. « Ça a été un grand moment. Nous avions confiance en nous et nous avons vraiment travaillé en équipe pour remporter cette série », raconte Martin.

Au tour suivant, lors de la série demi-finale de la Ligue, le Laser rencontre les Tigres de Victoriaville, les champions du calendrier régulier. Lors du premier match, devant le filet, on assiste à un duel entre Brodeur et Stéphane Fiset. Martin fait face à 28 lancers et le Laser l'emporte 5-1. « Évoluer contre Stéphane Fiset me motive au plus haut point. Je veux suivre ses traces, être repêché et connaître une carrière junior comme la sienne », confie Martin à un journaliste après le match.

Le beau rêve du Laser de se rendre à la Coupe Memorial prend fin lors du cinquième match, lorsque les Tigres enlèvent l'honneur de la série. Pour Martin Brodeur, qui a célébré ses 18 ans le 6 mai 1990, il est temps de remiser ses jambières en attendant impatiemment le grand jour, celui du repêchage annuel de la Ligue nationale.

Un amour d'adolescence

Elle avait 13 ans, il en avait 15 lorsqu'ils se sont vus pour la première fois. C'était un amour d'adolescents qui allait évoluer rapidement, parallèlement à la carrière du gardien, qui s'annonçait des plus prometteuses. Un premier enfant, Anthony, voit le jour en juin 1995, le mariage du couple suit en août de la même année, et William et Jeremy, des jumeaux, naissent en octobre 1996. Avec Anabelle, la petite dernière, née en mars 2002, la famille est complète et le couple file le parfait bonheur depuis maintenant plus de 13 ans!

Mélanie et Martin se sont rencontrés par l'entremise de Claude, le frère de l'athlète. « Je jouais à la balle molle à Saint-Hyacinthe

— une ville située à un peu moins de une heure de Montréal — et l'un de mes grands amis, Richard Lamontagne, était l'oncle de Mélanie, qui habitait Saint-Liboire située à 15 minutes de Saint-Hyacinthe. Il disait souvent qu'il faudrait bien présenter Mélanie à Martin, et on a décidé de s'arranger pour qu'ils se rencontrent. Un jour, j'ai dit à Martin de monter avec moi dans l'automobile, que j'allais voir mon *chum*, et lui, il ne le savait pas encore, mais il allait rencontrer Mélanie », raconte Claude, amusé.

C'était l'été 1987. La rencontre n'a pas de suite et deux ans passent. Le hasard faisant bien les choses, Martin est repêché par le Canadien junior de Verdun... qui devient le Laser de Saint-Hyacinthe. « Martin est venu demeurer en pension à Saint-Hyacinthe. J'avais alors 15 ans. Je ne l'avais pas oublié et quand je l'ai revu, il se souvenait de moi. Il s'est installé dans sa nouvelle demeure à la fin d'août et le 14 septembre, nous avons commencé à nous fréquenter. Ça a cliqué rapidement entre nous », raconte Mélanie.

Mélanie, 15 ans, était étudiante en quatrième secondaire et Martin débutait sa première année au cégep. Peu fervente de hockey, elle commence évidemment à aller voir jouer son *chum* avec le Laser, puis prend la route pour voir tous ses matchs, accompagnée de sa mère. Elle ne se doutait pas qu'en l'espace de quelques mois, le nom de Martin Brodeur serait sur toutes les lèvres des amateurs de hockey de Saint-Hyacinthe... « J'étais jeune, je voulais avoir du *fun*, mais Martin était tellement concentré sur le hockey, que nous n'avons pas fait la fête une seule fois au cours de sa première saison avec le Laser. Il était sérieux et son but était d'atteindre la Ligue nationale, et il ne voulait d'aucune façon compromettre ses chances. Je le trouvais un peu plate, dit-elle en riant, mais je l'aimais! »

Quand Mélanie a vu qu'il y avait beaucoup de dépisteurs de la Ligue nationale autour de Martin, elle a compris. Elle savait que Martin était sérieux, et elle découvrait que son talent, sa façon de garder les buts attirait l'attention des professionnels.

« Rencontrer Mélanie et avoir mes enfants si jeune sont parmi les meilleures choses qui me soient arrivées, confie Martin. Ça m'a mis les priorités à la bonne place en partant. »

MARTIN BRODEUR
LE CHOIX DES DEVILS

Ils étaient plusieurs, le cœur rempli d'espoir, à prendre la route pour Vancouver en juin 1990. Au total, 250 jeunes joueurs allaient être sélectionnés par les 21 équipes de la Ligue nationale de hockey. Pour certains, il ne s'agissait que d'une formalité, mais il restait à savoir quelles équipes miseraient sur eux. Pour d'autres jeunes joueurs, c'était cependant l'attente interminable…

En compagnie de son père Denis et de son agent Gilles Lupien, qui conseille le jeune gardien depuis son entrée dans la LHJMQ, Martin s'amène à Vancouver en vue du repêchage annuel de la LNH. Classé troisième chez les gardiens d'âge junior au Canada par la Centrale de dépistage de la Ligue, derrière Trevor Kidd et son compatriote Félix Potvin, Martin est confiant d'être choisi. Les experts estiment qu'il pourrait être appelé en deuxième ronde, ce que Martin croit aussi. Pas moins de neuf équipes ont manifesté de l'intérêt envers lui, et il sait que sa belle performance pendant les séries éliminatoires de la Ligue junior majeur du Québec a sans doute contribué à

> Je me doutais bien que les Devils étaient très intéressés à moi, parce que l'entraîneur des gardiens de l'équipe, Warren Strelow, était venu à Saint-Hyacinthe me voir jouer pendant une semaine. Il me regardait aller aussi pendant les exercices, il me parlait, m'a emmené voir d'autres parties avec lui, simplement pour savoir quel genre de gars j'étais, pour mieux me connaître.

Devant le B.C. Place de Vancouver, où aura lieu le repêchage annuel de la Ligue nationale de hockey, de jeunes hockeyeurs le cœur rempli d'espoir posent en compagnie de leur agent Gilles Lupien : Martin Brodeur, Gino Odjick, Félix Potvin et Enrico Ciccone.

attirer les regards sur lui et à brouiller les cartes. Mais on ne sait jamais, tout peut survenir; il pourrait bien, comme Félix Potvin l'année précédente, être ignoré par les équipes de la LNH, qui avait négligé les jeunes gardiens devant l'abondance de bons attaquants et de solides défenseurs. Toutefois, Martin savait déjà que les dirigeants des Devils du New Jersey avaient un œil sur lui. Denis Brodeur, lui, est nerveux. Il a hâte de savoir. Non seulement accompagne-t-il fièrement son fils, mais il assiste aussi au repêchage pour le compte du Canadien de Montréal. C'est lui qui a la tâche de photographier l'état-major du Tricolore avec les joueurs qu'ils vont repêcher. Martin accorde plusieurs interviews avant le repêchage et participe aux divers événements entourant cette grande fête du hockey. Puis, le 16 juin, c'est le moment tant attendu : le repêchage a lieu au B.C. Place.

Mike Ricci, classé premier parmi les espoirs, voit le titre de premier joueur sélectionné aller à l'ailier droit Owen Nolan, qui se retrouve avec les Nordiques de Québec. Suivent Petr Nedved (Vancouver), Keith Primeau (Detroit), Mike Ricci (Philadelphie) et Jaromir Jagr (Pittsburgh). « Je savais que je ne me ferais pas repêcher par les Devils, du moins pas en première ronde, parce que leur choix était assez tôt et que moi, j'étais classé en deuxième ronde. Je pensais plus me faire repêcher, peut-être par eux, en deuxième ronde. Si je me souviens bien, ils avaient le 27e ou le 28e choix lors du deuxième tour, ce qui me semblait plus logique », ajoute Martin.

Comme lors de toutes les séances de repêchage, ça discute ferme aux tables des équipes, et chaque directeur général tente d'améliorer son sort. C'est le cas des Flames de Calgary, qui, après avoir remporté la Coupe Stanley en 1989, ont été éliminés en demi-finale de division au printemps 1990. Cliff Fletcher, le grand manitou de l'équipe, discute avec Lou Lamoriello, des Devils du New Jersey, et les deux hommes s'entendent pour inverser leur choix, parce que Fletcher veut mettre la main sur le gardien Trevor Kidd. C'est ce qui se produit. Kidd devient le 11e choix du repêchage, alors que les Devils choisiront au 20e rang.

« Lou s'était assuré que Fletcher allait bel et bien choisir Trevor Kidd avec cette 11e sélection. Nous avions entendu de petits commentaires, ici et là, qui nous laissaient croire que Martin serait encore disponible lorsque viendrait notre moment de choisir. Nous étions persuadés que Montréal, notamment, ne le choisirait pas », raconte le dépisteur Claude Carrier.

Marshall Johnston, ex-joueur de la Ligue nationale de hockey et membre de l'organisation des Devils du New Jersey, accueille Martin Brodeur sur l'estrade quand ce dernier a été sélectionné au 20e rang.

⌈ Quand j'ai vu qu'ils venaient de reculer leur position, que les Devils choisiraient 20e, on s'est posé des questions et on avait hâte de voir ce qui allait se passer. Mais à ce moment-là, je me doutais bien, avec l'intérêt que l'organisation m'avait démontré, que j'allais devenir membre de cette équipe. ⌋

Martin Brodeur confie alors aux journalistes québécois qui assistent au repêchage : « Je suis surtout content pour mon père, pour ma famille, pour l'organisation du Laser de Saint-Hyacinthe et pour la LHJMQ. C'est un rêve d'enfance qui se réalise. »

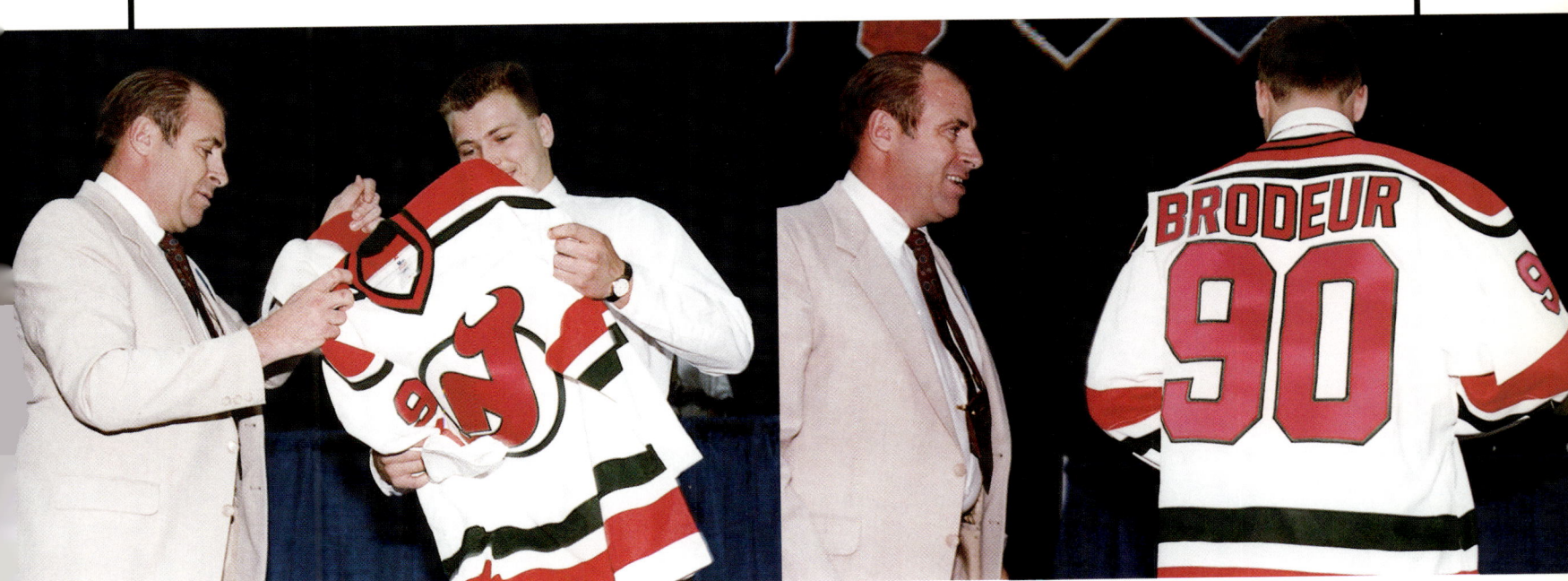

En 12e position, le Canadien met la main sur l'attaquant Turner Stevenson. Pendant que Martin est assis dans les gradins, flanqué de son agent, Denis Brodeur se lève et va photographier Stevenson lorsque celui-ci monte sur l'estrade pour revêtir le chandail bleu blanc rouge.

C'était vraiment une sensation particulière de recevoir ce chandail de la LNH, des Devils du New Jersey, et de l'endosser. Tu sais alors que tu viens de faire un grand pas dans la bonne direction », confie Martin.

« J'étais à l'arrière, occupé à photographier Stevenson avec Serge Savard, le directeur général du Canadien, et les autres membres de la direction, lorsque soudain j'ai entendu le nom de Martin. Je ne voulais pas manquer ce moment-là. Je me suis excusé auprès de Claude Mouton et de Michelle

Lapointe, et je suis parti en courant pour aller photographier Martin qui, sur l'estrade, serrait la main de Marshall Johnston, le directeur du personnel des joueurs. Après s'être adressé à la foule — environ 15 000 personnes — en français et en anglais, Martin s'est empressé d'aller faire le tour de la table des Devils pour serrer la main des personnes présentes qui avaient décidé de miser sur lui », raconte Denis.

« Après qu'il eut choisi Martin, j'ai dit à Lou : "Je pense que vous avez un excellent choix qui va profiter à votre franchise." Je ne pensais jamais que moins de cinq ans plus tard, Martin conduirait l'équipe à la conquête de la Coupe Stanley », ajoute le dépisteur.

« Habituellement, quand tu es classé en deuxième ronde, il est rare que tu sois choisi en première ronde. Je ne m'attendais vraiment pas à ça. Je n'étais pas nerveux et j'avais parlé à tellement de monde de différentes équipes, que je ne savais plus vraiment où j'allais aboutir. Ça a été une belle surprise », confie le gardien.

Sauf Karl Dykhuis, repêché par les Black Hawks de Chicago au 16e rang, Martin est le seul autre espoir de la LHJMQ à être choisi en première ronde. Martin devenait du même coup le troisième gardien de la LHJMQ seulement à être sélectionné en première ronde, après Robert Sauvé (Buffalo, 1975) et Jimmy Waite (Chicago, 1987). Quant au gardien Félix Potvin, le coéquipier de Martin lors du match des étoiles de la Ligue, en janvier 1990, il fut choisi lors du deuxième tour, au 31e rang, par les Maple Leafs de Toronto.

Le soir même du repêchage, alors que Denis Brodeur et Martin se dirigent à une fête organisée par la direction des Devils, le photographe prend le temps de parler à son fils. « Je lui ai dit que dorénavant, il y avait de fortes chances pour qu'il soit souvent questionné par les journalistes, et que plus il connaîtrait du succès, plus il y aurait des journalistes autour de lui. Je savais de quoi je parlais, pour avoir vu tant de vedettes comme Jean Béliveau, Guy Lafleur et plusieurs autres devoir faire face à de nombreux reporters. "Sois toujours respectueux, ne parle jamais contre l'un de tes coéquipiers ou contre ton organisation, et ne fais pas de déclarations à l'emporte-pièce. Ça te servira énormément d'agir ainsi", que je lui ai dit. Martin a suivi mes conseils, mais il faut aussi dire que ça n'a jamais été dans sa nature de dénigrer qui que ce soit », raconte Denis.

Martin n'avait revêtu le chandail des Devils que depuis quelques minutes, que déjà il était occupé à signer des autographes pour de jeunes partisans qui assistaient au repêchage.

Les Devils du New Jersey repêchèrent deux autres gardiens en juin 1990 : Corey Schwab et Mike Dunham. Ce dernier allait partager avec Martin, en 1996-1997, le trophée William M. Jennings, attribué à l'équipe ayant accordé le moins de buts à l'adversaire.

Mireille Brodeur avait bien fait les choses et c'est en véritable héros que Martin fut accueilli par sa famille et ses amis lorsqu'il revint à la maison.

À Montréal, chez les Brodeur, on a suivi avec beaucoup d'attention le repêchage, retransmis à la télévision. Mais voilà qu'après l'annonce du 15ᵉ choix, bonsoir la visite, l'émission se termine. C'est l'animateur de radio et ex-arbitre Ron Fournier, en ondes à la défunte station radiophonique CJMS, qui a téléphoné à la mère de Martin pour lui apprendre que son fils venait d'être choisi par les Devils du New Jersey. Martin devait par la suite téléphoner à son tour à la maison pour partager sa joie avec les membres de sa famille. À son retour en sol québécois, une grande fête est organisée chez lui par sa mère, où l'on célèbre l'heureuse recrue entourée de sa famille et d'amis.

Après avoir vu Martin se passionner pour le hockey durant toute son enfance, trimer dur pour se surpasser et devenir l'un des meilleurs de sa catégorie, Mireille et Denis Brodeur vivaient un grand moment avec leur fils, maintenant membre de l'organisation d'une équipe de la Ligue nationale de hockey.

> Nos trois frères étaient passionnés par le sport, ça a toujours fait partie de la famille Brodeur. Mais de voir le « bébé » de la famille, Martin, accéder ainsi aux rangs professionnels, c'était vraiment très émouvant. Après tout, notre petit frère allait avoir la chance de jouer au hockey sur les mêmes patinoires, entre autres au Forum, où papa avait photographié tant de vedettes. Le destin a bien fait les choses et Martin a certainement mérité tout ce qui lui est arrivé.
>
> LINE ET SYLVIE BRODEUR

Pour les Devils, il n'était pas question de précipiter l'arrivée de Martin Brodeur, d'autant plus que l'équipe comptait sur les services de Sean Burke et de Chris Terreri, sans oublier Craig Billington à Utica, le club-école de la formation. Les journalistes, tout comme Martin, savaient qu'il devrait non seulement achever sa carrière chez les juniors, mais aussi s'attendre à passer quelques années dans la Ligue américaine avant d'obtenir sa chance, puisque l'équipe était bien nantie devant le filet.

Martin participa à son premier camp d'entraînement avec l'équipe du New Jersey à la fin d'août 1990. Il eut alors l'occasion de côtoyer des vétérans tels que Kirk Muller, Ken Daneyko, John MacLean, Bruce Driver, Peter Stastny et Viacheslav Fetisov. « Ce fut une belle expérience. J'ai pu me familiariser avec les joueurs, mais aussi voir la différence qui existait entre les rangs juniors et la Ligue nationale, autant pour la vitesse des lancers que pour l'exécution des jeux. J'ai été particulièrement impressionné par Peter Stastny, qui est toujours disposé à aider les jeunes. »

Martin, à son premier camp d'entraînement des Devils du New Jersey. Il porte encore le masque qu'il utilise avec le Laser de Saint-Hyacinthe.

Lors de ce premier contact sur la glace avec des joueurs de la Ligue nationale, Martin rencontre pour la première fois l'une de ses idoles, le gardien de but Sean Burke, qui avait connu sa meilleure saison en carrière en 1989-1990 avec les Devils.

De retour au Québec avec son équipe junior, Martin s'était mis en tête d'être encore plus solide devant son filet dans le but d'accéder le plus rapidement possible à la Ligue nationale.

Si Martin a été le premier choix de l'équipe, il est toujours sans contrat avec les Devils lorsqu'il entame sa deuxième saison avec le Laser. Cependant, il n'y a pas de conflit, et on scrute attentivement les performances du gardien. Lou Lamoriello confie à un journaliste montréalais en décembre 1990 : « Nous le suivons de très près. Encore dimanche, l'entraîneur des gardiens de but est allé le voir jouer. On veut que Martin bâtisse sa carrière sur des bases solides. Nous préférons le faire jouer durant quelques saisons dans la Ligue américaine avant de faire appel à lui. » À la fin de la saison, Martin affiche une moyenne de buts accordés de 3,30, sa meilleure en carrière. Il inscrit 22 victoires et 2 jeux blancs en 52 matchs. Le Laser termine au quatrième rang de la division Robert-Lebel, mais lors des éliminatoires, privée de Pierre Sévigny, leur meilleur marqueur, qui est blessé, l'équipe de Norman Flynn est éliminée en quatre matchs par la formation du Collège français de Longueuil.

Après avoir attendu durant de longs mois, les négociations aboutissent entre l'agent Gilles Lupien et la direction des Devils. Martin signe enfin son premier contrat professionnel, une entente de quatre ans, au printemps 1991. « Les Devils étaient venus jouer à Montréal contre le Canadien et on avait négocié à ce moment-là. J'avais 18 ans quand j'ai signé cette première entente. »

> Je n'ai jamais été préoccupé par la signature de ce premier contrat avec les Devils. J'avais justement embauché un agent pour que je puisse me concentrer uniquement sur mes performances sur la glace. Quand le moment est arrivé de signer cette entente, ce n'était qu'une formalité, parce que je savais que les Devils misaient beaucoup sur moi.

Martin participe au camp d'évaluation de l'équipe nationale junior à l'été 1991 et pose avec tous les autres joueurs invités, qui espèrent tous participer au Championnat mondial junior en Allemagne au mois de décembre.

Comme pour toutes les têtes d'affiche de son sport, les cartes de hockey de Martin sont très populaires auprès des collectionneurs. Son père et son frère Denis se chargent de les amasser : on en comptait plus de 1800 en circulation avant le début de la saison 2002-2003.

UN GARDIEN
VAL

1. À l'occasion du repêchage de la LNH de 1990, Martin pose pour le photographe de la compagnie Score, qui produira sa première carte de hockey professionnelle. Selon un spécialiste montréalais des cartes de hockey, René Silvano, celles de Martin prennent de plus en plus de valeur à mesure qu'il abaisse des records et accumule les exploits.

2. La carte de Martin, dans les rangs juniors. Aujourd'hui, on recherche ses cartes les plus rares, mais aussi des chandails, des bâtons signés par le gardien de but.

Denis Brodeur, alors joueur de hockey amateur, a aussi droit à sa carte de hockey.

Grâce à ses exploits

DE BUT DE
EUR

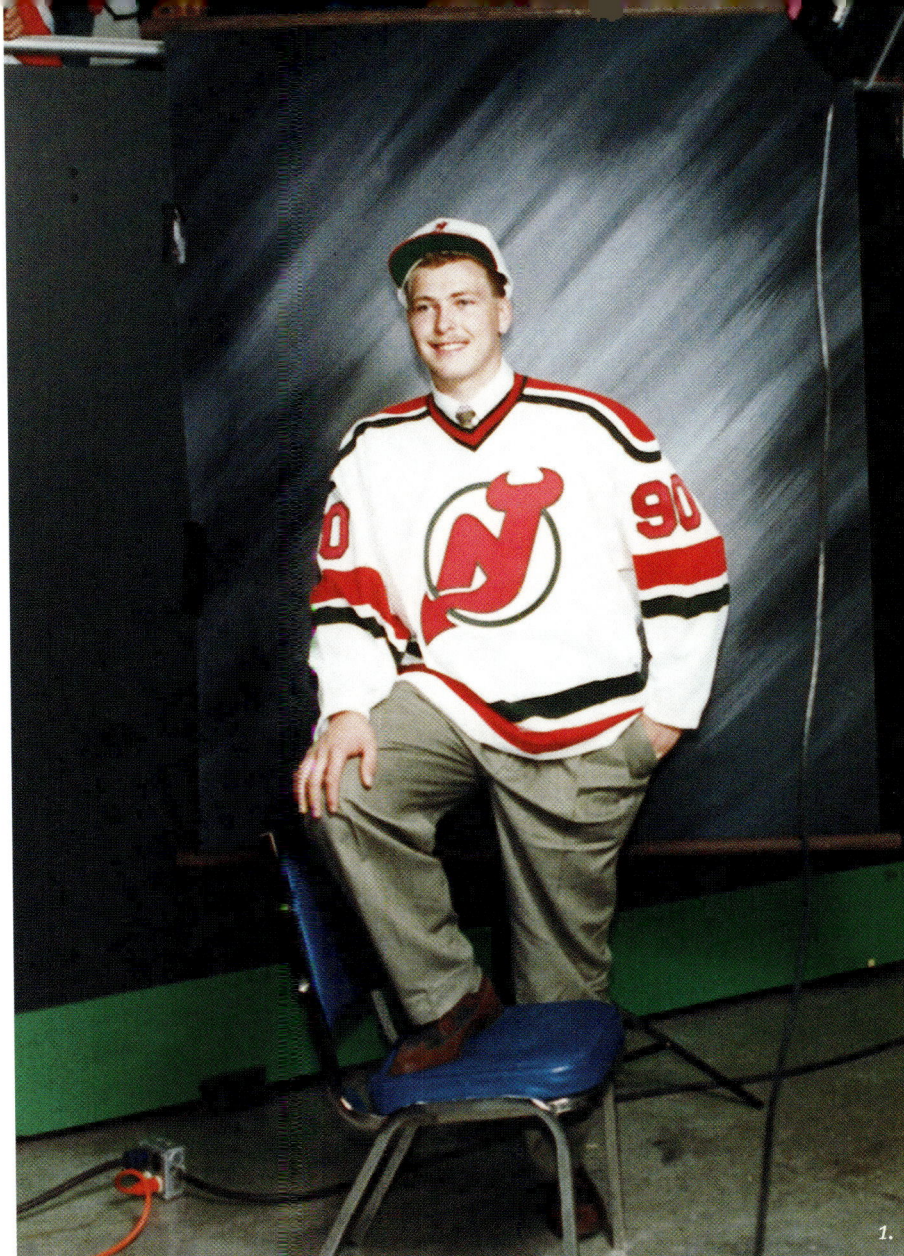

Alors qu'il profite de la belle saison pour jouer au golf et se tenir en forme en vue de son deuxième camp d'entraînement avec les Devils, Martin reçoit une bonne nouvelle au début de juillet 1991. Il est invité à participer au camp d'évaluation de l'équipe nationale junior, qui aura lieu du 11 au 18 août à Calgary. Quarante-six des meilleurs joueurs canadiens admissibles au Championnat du monde de hockey junior participeront à ce camp d'évaluation. « C'était une expérience que je voulais vivre. Je désirais jouer sur la scène internationale, et c'était une occasion unique », dit-il. Martin offre de bonnes performances tout au long du camp, ce qui lui fait croire qu'il a d'excellentes chances d'être choisi pour se joindre à l'équipe. Une fois le camp achevé, il prend le chemin du New Jersey, où il rejoint le grand club, avec en tête l'espoir de réussir à se tailler un poste. S'il n'y parvient pas, il jouera une troisième et dernière saison avec le Laser de Saint-Hyacinthe.

« En deux ans, je n'ai jamais gardé les buts lors d'une partie hors-concours. On voulait simplement que je m'entraîne. » Martin ne participe à aucun match et doit se contenter de regarder jouer ses coéquipiers, du banc des joueurs. « Parmi les neuf gardiens au camp, je crois que j'étais classé quatrième, derrière Terreri, Chevrier et Billington. D'ailleurs, j'étais beaucoup plus à l'aise cette année que l'an dernier. Je sais qu'on va me surveiller de près cette année chez les Devils. Je vais me concentrer à rester debout le plus souvent possible tout en améliorant ma constance », confie-t-il à un journaliste, dès son retour à Montréal.

Dès le début de la saison à Saint-Hyacinthe, Martin se blesse à une cheville et est tenu à l'écart du jeu. L'équipe, désormais dirigée par Pierre Pétroni, connaît une période difficile et Martin n'est pas au mieux de sa forme.

« Maintenant que je savais que je me rapprochais de mon but, que j'allais peut-être, avec de la chance, jouer dans la Ligue nationale avec les Devils, il m'incombait de bien jouer et de ne décevoir personne. Surtout pas ceux qui m'avaient fait l'honneur de me sélectionner en première ronde. »

«À ma dernière année junior, j'ai eu l'occasion pour la première fois de poser avec la coupe Stanley, que Léo Bourgault, du complexe sportif Les 4 Glaces, avait fait venir au Québec dans le cadre d'une promotion. On y rêve toujours, à la coupe Stanley, mais je ne croyais vraiment pas que j'aurais l'occasion de la remporter à deux reprises au cours des années à venir.»

Toutefois, il reprend la forme alors que la fin de l'année 1991 approche. En décembre, il part pour le dernier camp d'évaluation d'Équipe Canada junior, à Kitchener. Lors d'un match, Martin prend la relève du gardien Mike Torchia, mais accorde 4 buts sur 13 lancers, en 30 minutes de jeu. « Je ne suis pas satisfait, mais je ne suis pas désappointé. J'ai donné de drôles de buts, mais je ne crois pas que les entraîneurs vont évaluer mon rencement sur la moitié d'un match. Au fait, je ne sais même pas quels sont leurs critères d'évaluation », confie-t-il à la presse.

Finalement, Martin est retranché de l'équipe par l'entraîneur Rick Cornacchia, au profit du gardien Mike Fountain, d'Oshawa, le club junior dirigé par ce même entraîneur. « Je suis désolé de te laisser aller. Ne pense pas que c'est une question de langue. Fais bien attention à ce que tu diras aux médias. Ce n'est pas du tout une question politique », prend-il soin de dire au gardien. « J'ai l'impression que l'idée des pilotes était faite depuis longtemps. J'ai eu ma chance, j'étais prêt à relever le défi. Garder les buts n'est pas une corvée, d'autant plus que le club de cette année reposera sur une formidable attaque », raconte Martin à son retour. D'autres prétendront que Cornacchia voulait donner de la visibilité à son gardien Mike Fountain afin qu'il soit repêché, ce qui fut fait en 1992 par les Canucks de Vancouver.

Brodeur revient devant le filet de son équipe junior, mais le 20 décembre, lors d'un match à Victoriaville, il se blesse au genou. Il est opéré le 8 janvier, au New Jersey, et demeure à l'écart du jeu durant deux semaines. Choisi sur la deuxième équipe d'étoiles de la Ligue, il se rétablit à temps pour participer au match des étoiles de la LHJMQ, le 25 janvier 1992. Par la suite, les choses se déroulent rapidement pour Martin. Il brille devant le filet du Laser et est

choisi le joueur de la semaine à la fin de janvier, après avoir fait face, notamment, à 45 lancers lors d'une victoire de 5-3 contre les Olympiques de Hull, le 27 janvier.

En février, il est élu joueur défensif du mois par les entraîneurs du circuit, en vertu d'une performance de 6 victoires et 3 défaites, dont 1 blanchissage, et une moyenne de buts accordés de 2,74. Du même coup, le Laser reprend du poil de la bête.

Le 26 mars 1992 survient pour Martin Brodeur le grand moment que tout joueur junior attend impatiemment : il dispute son premier match dans la Ligue nationale de hockey. Alors qu'il se préparait à défendre le filet du Laser pendant les derniers matchs de la saison et à la veille de la série éliminatoire contre le Collège français de Verdun, le 23 mars Martin reçoit un appel de la direction des Devils, qui lui demande de rejoindre l'équipe.

Chris Terreri, blessé au dos, et Craig Billington, aux prises avec un genou amoché, les Devils avaient besoin de renfort. À domicile, les Devils affrontent les Sharks de San Jose, et l'entraîneur Tom McVie décide de faire confiance au gardien Chad Erickson, secondé par Doug Dadswell. Les Devils perdent le match face aux Sharks, puis remportent le suivant contre les Rangers de New York. Erickson est cédé au club-école d'Utica de la Ligue américaine, le 25 mars, et le lendemain, c'est Martin qui se retrouve entre les deux poteaux, face aux Bruins de Boston.

Le 26 mars 1992 demeure une journée inoubliable pour Martin Brodeur et sa famille. C'est ce jour-là que le jeune gardien de but a l'occasion de disputer son tout premier match dans la Ligue nationale contre les Bruins de Boston et d'arrêter les tirs des Ruzicka, Leach, Oates, Ashton et, bien sûr, Raymond Bourque.

NEW JERSEY DEVILS VS. BOSTON BRUINS
THURSDAY, MARCH 26, 1992

DEVILS

GOALTENDER	POS	GPI	AVG	W	L	T	SO
CRAIG BILLINGTON	G	25	3.04	13	7	1	2
MARTIN BRODEUR	G	0	----	0	0	0	0
CHRIS TERRERI	G	51	3.15	21	20	10	1

PLAYER	POS	GP	G	A	PTS	+/-	PIM
VIACHESLAV FETISOV	D	66	3	22	25	10	96
KEN DANEYKO	D	74	1	7	8	7	160
SCOTT STEVENS	D	62	17	37	54	21	92
ERIC WEINRICH	D	70	5	24	29	11	48
TOMMY ALBELIN	D	16	0	4	4	6	2
ALEXEI KASATONOV	D	71	9	27	36	10	64
TROY MALLETTE	LW	29	4	6	10	5	68
TOM CHORSKE	RW	70	17	15	32	7	32
JARROD SKALDE	C	12	2	3	5	1-	2
BILL GUERIN	RW	2	0	1	1	1	9
KEVIN TODD	C	74	19	38	57	7	67
LAURIE BOSCHMAN	C	70	8	20	28	10	114
JEFF CHRISTIAN	LW	1	0	0	0	0	2
CLAUDE VILGRAIN	LW	65	18	22	40	29	70
ALEXANDER SEMAK	C	22	5	5	10	3	0
RANDY McKAY	RW	74	14	12	26	0	241
CLAUDE LEMIEUX	RW	68	39	25	64	10	107
BRUCE DRIVER (C)	D	72	7	33	40	7	64
DOUG BROWN	RW	71	11	17	28	17	27
VALERI ZELEPUKIN	LW	38	11	16	27	12	26
PETER STASTNY	C	63	23	37	60	7	42
PAT CONACHER	LW	38	7	3	10	0	14
ZDENO CIGER	LW	15	4	4	8	3-	6
JIM DOWD	C	0	0	0	0	0	0
STEPHANE RICHER	RW	71	28	35	63	1-	25

BRUINS

NO.	GOALTENDER	POS	GPI	AVG	W	L	T	SO
1.	REJEAN LEMELIN	G	8	3.39	5	1	0	0
31.	DANIEL BERTHIAUME	G	26	3.82	7	14	3	0
35.	ANDY MOOG	G	57	3.25	26	21	7	1

NO.	PLAYER	POS	GP	G	A	PTS	+/-	PIM
12.	ADAM OATES	C	74	16	77	93	10-	18
18.	BRENT ASHTON	LW	67	18	22	40	6-	51
19.	DAVE POULIN	C	13	3	4	7	1-	12
20.	BOB SWEENEY	RW	58	6	13	19	8-	86
22.	BOB BEERS	D	27	0	5	5	12-	12
26.	GLEN WESLEY	D	72	9	35	44	7-	46
27.	STEPHEN LEACH	RW	72	28	27	55	7-	112
28.	GORDON MURPHY	D	67	5	14	19	1	55
29.	SCOTT ARNIEL	RW	26	5	3	8	6	20
32.	DON SWEENEY	D	69	3	11	14	5-	67
34.	LYNDON BYERS	RW	30	1	1	2	5-	120
38.	VLADIMIR RUZICKA	C	71	37	32	69	5-	44
42.	BRENT HUGHES	LW	2	0	0	0	0	9
43.	MATT HERVEY	D	15	0	1	1	4-	55
45.	STEPHEN HEINZE	RW	8	0	3	3	2-	4
46.	TED DONATO	C	6	1	0	1	2-	4
47.	GORD HYNES	D	9	0	1	1	1-	6
48.	JOSEF STUMPEL	LW	2	0	1	1	0	0
49.	JOE JUNEAU	C	8	3	7	10	3	2
50.	CLARK DONATELLI	LW	5	0	1	1	4-	6
77.	RAY BOURQUE (C)	D	74	19	55	74	8	5

PRESIDENT/G.M.: LOU LAMORIELLO
EXECUTIVE V.P.: MAX McNAB

PRESIDENT/G.M.: HARRY SINDEN
ASST. G.M.: MIKE MILBURY

« C'est Tom McVie, l'entraîneur, qui m'a annoncé la nouvelle le matin. J'étais surpris et excité, moi qui n'avais jamais même gardé les buts durant une partie hors-concours. Robbie Ftorek, l'entraîneur adjoint, est venu me voir et m'a dit : "Prends le téléphone, Martin, et appelle tes amis, ta famille. Dis-leur de descendre au New Jersey. Un premier match dans la Ligue nationale, c'est quelque chose !" Mon frère Denis est venu assister à ce premier match », raconte Martin.

« Pendant la période d'échauffement, se rappelle son frère Denis, Martin n'arrêtait pas une rondelle ! C'était effrayant, il semblait très nerveux ! Heureusement, quand la partie a débuté, il a très bien joué. »

« J'étais content, il ne restait que 10 minutes à jouer dans la partie et j'avais blanchi les Bruins. Finalement, ça s'est terminé 4-2, et j'ai obtenu la première étoile », se souvient-il. Martin aura fait face au cours de ce match à 26 lancers.

À l'issue du match remporté par les Devils, Martin est félicité par ses coéquipiers, notamment par le défenseur Eric Weinrich et le capitaine Bruce Driver.

À Montréal, c'est sur un écran géant, dans un complexe sportif, que ses parents, son frère Claude, ses sœurs et des amis suivent avec une grande attention ce match. En remportant cette victoire pour les Devils, Martin contribue du même coup à assurer à l'équipe une participation aux séries éliminatoires.

« J'étais fou de joie, je sautais partout après le match », confie-t-il à un journaliste de la Presse Canadienne après le match. « Il s'est écoulé plusieurs minutes en début de match avant qu'on me mette à l'épreuve, et ça m'a

« Comme tous les Québécois, j'avais vu souvent à la télévision les affrontements entre Montréal et Québec. La rivalité était intense entre les deux équipes et ça représentait quelque chose de spécial d'affronter les Nordiques. Et puis il y avait mon père qui était sur place pour me voir jouer pour la première fois dans la Ligue nationale. Je ne voulais pas le décevoir. »

permis de chasser la nervosité. » Au sujet de la qualité de jeu, Martin affirme que « c'est le jour et la nuit entre le junior et la Ligue nationale. Les joueurs sont tellement imposants physiquement, qu'on dirait qu'ils pèsent 300 livres chacun. Ils sont plus rapides et leurs passes sont précises. »

Deux jours plus tard, le 28 mars, Martin est de nouveau l'homme de confiance des Devils, et il affronte les Nordiques de Québec, toujours à East Rutherford. Résultat : une victoire facile de 5-2 pour les Devils, alors que Martin fait face à 25 tirs. Cette fois, Denis Brodeur est sur place, appareils photo en bandoulière, pour voir jouer son fils, accompagné par ses fils Denis et Claude. « Je me suis senti plus nerveux pour ce match. Mon père a assisté à la rencontre et je voulais gagner pour lui. De plus, je savais que beaucoup d'amis écoutaient la partie à la radio, au Québec », raconte Brodeur après le match.

Kevin Todd, le coéquipier de Martin, confie aux journalistes : « Martin est arrivé à un moment où nous devions absolument gagner. La pression est lourde sur ses épaules, mais il joue néanmoins avec beaucoup d'assurance. »

Lors du match suivant, c'est Craig Billington, rétabli de sa blessure, qui garde les buts. « Il n'était pas tout à fait guéri et il s'est de nouveau blessé au genou. Je l'ai remplacé au début de la deuxième période, les Flyers menaient 1-0. » Bombardé de 25 tirs en 40 minutes de jeu, dont 18 tirs au cours de la deuxième période, Martin subit sa première défaite, au compte de 5-4.

Alors que son équipe junior, le Laser, se prépare à jouer un deuxième match éliminatoire le 1er avril, Martin s'entraîne le matin avec les Devils. « Je devais affronter les Capitals en soirée, lorsqu'à 15 h 30, le capitaine Bruce Driver m'a téléphoné pour m'annoncer que nous étions en grève. Tout de suite après, Marshall Johnston m'a téléphoné pour me dire que j'avais 10 minutes pour sortir mon équipement de hockey de l'aréna, avant que les portes ne soient

Dès ses premiers matchs dans la LNH, Martin Brodeur a démontré qu'il ne craignait pas de défier les attaquants adverses et qu'il pouvait leur tenir tête.

Martin n'a pas tardé à devenir l'idole des partisans des Devils du New Jersey, à l'instar des fans montréalais qui, au début des années 1990, n'en avaient que pour Patrick Roy. Après avoir porté le numéro 29 à ses premiers coups de patins dans la Ligue, il opta pour le numéro 30.

La photo d'équipe des Devils d'Utica en 1992-1993, la seule saison que Martin a passée dans la Ligue américaine.

fermées à clés, et que le jet privé du propriétaire, John McMullen, m'attendait pour me conduire au Québec, afin que je rejoigne mon équipe junior. Ça a été une vraie course, une journée de fou! J'ai pris l'avion à 16 h 40 et je suis arrivé à l'aéroport de Saint-Hubert à 18 h 20. Quand j'ai sauté sur la glace de l'aréna de Saint-Hyacinthe, il ne restait que cinq minutes à la période d'échauffement. Ça a été une grande surprise pour tous de me voir là! » Avec Martin devant le filet, le Laser l'emporte 6-2 contre le Collège français de Verdun et égalise la série, chaque équipe ayant remporté une victoire. Martin est sensationnel devant le filet. En quatre matchs, même s'il fait face à pas moins de 172 lancers, il n'accorde que 10 buts! Lors du sixième match, il fait face à 43 lancers, mais l'équipe du Collège français est trop puissante et l'emporte par un pointage de 4-3. Le Laser est éliminé en six parties.

Avant d'accéder à la Ligue nationale, Martin doit passer une année avec le club-école des Devils dans la Ligue américaine, à Utica. « Ce fut une expérience profitable, même si j'étais évidemment déçu de ne pas pouvoir faire le saut immédiatement chez les professionnels », dit-il. C'est son frère Denis qui photographie Martin devant son casier, dans le vestiaire de l'équipe, au début de la saison 1992-1993.

Les activités ayant repris dans la LNH, Martin retourne au New Jersey. « Mais Chris Terreri était rétabli et c'est lui qui a joué. Par la suite, je n'ai gardé les buts que durant une période, contre les Islanders de New York, le 15 avril, puis durant une trentaine de minutes durant les éliminatoires contre les Rangers, le 27 avril. Les deux fois en relève à Terreri. »

Martin Brodeur savoure l'été 1992. Sa carrière chez les juniors est terminée, et il est très confiant de faire partie du grand club en septembre. Cependant, les choses ne se déroulent pas comme prévu. « Au camp d'entraînement, je n'ai pas joué une seule partie hors-concours et on m'a envoyé au club-école d'Utica. Ça a été un choc. En plus, quand je suis arrivé à Utica, lors d'une partie avec des enfants, avant la saison, je me suis défait un genou et j'ai dû me faire opérer. Ça m'a pris un mois avant de revenir au jeu », raconte-t-il.

« Martin avait déjà été opéré à un genou, et voilà qu'il se blessait l'autre et devait de nouveau passer sous le bistouri. J'étais inquiet, j'ai pensé un moment que sa carrière était peut-être terminée. Mais il est revenu encore plus fort par la suite », explique Denis Brodeur.

Dans la Ligue américaine, Martin a l'occasion de peaufiner son jeu et la direction des Devils sait qu'elle détient une perle rare, un premier choix de repêchage qui semble jusqu'à maintenant tenir ses promesses. « Je ne m'étais pas fixé d'objectif, mais je me doutais bien que je ne passerais pas plus de un an à Utica », dit Martin.

Il n'en demeure pas moins que Martin était déçu de ne pas commencer la saison avec les Devils. Le gardien Sean Burke avait été échangé aux Whalers de Hartford le 28 août, ce qui laissait entrevoir à Martin la possibilité de se tailler un poste au New Jersey. Il allait plutôt devoir s'établir à Utica, une ville située à une heure de Syracuse. Mélanie, son épouse, se souvient bien de ces moments. « Il était clair que je quittais le Québec avec Martin, mais moi aussi, je pensais me retrouver avec lui en banlieue de New York. On avait déjà commencé à amasser des meubles, des accessoires de cuisine pour habiter ensemble, mais le déménagement n'a pas été facile. Nous nous sommes retrouvés dans un appartement de deux pièces et demie, et si Martin se débrouillait pas mal en anglais, moi, je ne le parlais pas du tout ! Ma mère était venue nous aider à déménager, et quand elle est partie, Martin et moi étions assis sur le divan et les larmes coulaient sur nos joues. Ce n'était pas un moment facile, mais, heureusement, nous n'étions pas loin de Montréal et nous avions souvent de la visite. »

Pour la première fois depuis qu'il joue à Utica, Martin évolue devant sa famille lors d'un match présenté à Glen Falls. Il démontre toute son habileté à contrôler la rondelle en obtenant trois passes lors de cette partie.

Mais la vie continue et Martin revient au jeu avec les Devils d'Utica de la Ligue américaine, où il passera toute la saison 1992-1993. Le 23 janvier, à Glen Falls, il établit un record en récoltant trois passes dans une victoire de 6-3 des Devils, aux dépens des Red Wings d'Adirondack. « J'aurais pu obtenir cinq mentions d'aide, puisque deux de mes passes ont résulté en échappées, mais le gardien Allan Bester a effectué les arrêts », racontera le gardien, au lendemain de ce match historique. Brodeur, qui avait fait face à 42 tirs au cours de cette partie, est alors invaincu à ses 8 dernières sorties, maintenant une excellente moyenne de buts accordés de 2,38 par match.

Les Devils d'Utica n'ont pas une grande équipe, mais Martin tire bien son épingle du jeu, partageant la garde du filet avec le gardien Corey Schwab. À la fin de la saison, il présente une moyenne de 4,03 en 32 matchs, une fiche de 14 victoires, 13 défaites et 5 matchs nuls, pour un total de 32 matchs. Les Devils ne font pas long feu dans les séries éliminatoires, et Martin ne peut disputer que quatre parties.

> L'entraîneur des gardiens de but des Devils, Jacques Caron, prend Martin sous son aile et entreprend de l'aider à s'améliorer. « On travaillait bien ensemble, dit Martin. Il m'a enseigné plusieurs trucs, comme à placer mes patins plus près l'un de l'autre afin de pouvoir bouger plus rapidement. »

« Comme les Nordiques de Québec l'ont fait avec Stéphane Fiset, je m'attends à ce que Martin passe quelques saisons dans la Ligue américaine avant d'avoir une véritable chance avec les Devils », confie alors Denis Brodeur. Mais le destin fait parfois bien les choses. Pendant le camp d'entraînement des Devils du New Jersey, en 1993, le gardien Peter Sidorkiewicz, acquis des Sénateurs d'Ottawa le 20 juin 1993, en retour de Craig Billington et de Troy Mallette, se présente au camp d'entraînement, blessé à l'épaule. Martin saisit cette chance, et il partagera la garde du filet tout au long de la saison avec Chris Terreri, avec qui il établira une belle et grande complicité. « Nous nous entendions à merveille. Il n'y avait pas de rivalité entre nous. Au contraire, j'ai profité de son expérience et de ses conseils », avoue Martin.

Plusieurs grands moments viennent marquer la première saison du jeune gardien dans la Ligue nationale. Le 20 octobre, contre Anaheim, il inscrit son premier jeu blanc dans une victoire de 4-0, et le 8 décembre 1993, à sa première visite à Montréal, il remporte la victoire contre le Canadien et Patrick Roy. « C'était un moment extraordinaire, une belle soirée que de pouvoir jouer au Forum de Montréal, où j'avais si souvent accompagné mon père quand j'étais jeune, où j'avais patiné alors que j'étais enfant. Remporter la victoire devant toute ma famille et plusieurs amis, ça a été un *feeling* incroyable », ajoute-t-il.

En 1993-1994, Martin dispute 47 parties et remporte 27 victoires, conservant une moyenne de buts accordés de 2,40, la deuxième meilleure de la Ligue après celle de Dominik Hasek (1,95). De plus, il réussit trois jeux blancs.

Martin découvre rapidement que Jacques Caron, qui a lui-même évolué dans la Ligue nationale ainsi que dans la Ligue mondiale de hockey, connaît bien le métier de gardien de but et peut grandement l'aider à s'améliorer. Comme élève, Martin s'avère très attentif.

À sa première saison chez les professionnels, Martin se montre vif comme un chat devant son filet et parvient à frustrer de dangereux marqueurs tel Teemu Selanne des Jets de Winnipeg.

Au cours des éliminatoires, il s'avère l'un des éléments clés des Devils, qui viennent à une victoire près de participer à la finale de la Coupe Stanley. L'équipe, dirigée par Jacques Lemaire, qui termine sa première saison à titre d'entraîneur-chef des Devils, est en effet éliminée en sept matchs par les Rangers de New York en finale de conférence, ces mêmes Rangers qui allaient mettre la main sur la coupe Stanley en éliminant par la suite les Canucks de Vancouver. Une première Coupe pour les *Blue Shirts* depuis 1940 ! « Je pensais bien qu'on réussirait à les vaincre, avoue Martin. La série a été chaudement disputée et c'était décevant de passer si près d'une participation à la finale de la Coupe Stanley. » Le gardien aura attiré bien des regards sur lui durant les éliminatoires. En 17 parties, il n'aura concédé que 38 buts, pour une moyenne de buts accordés de 1,95, sa meilleure à vie depuis qu'il joue au hockey.

Après la conquête de la Coupe Stanley par les Rangers, le banquet annuel de la Ligue nationale a lieu le 16 juin, à Toronto. Sans trop de surprises, en vertu de sa fiche, Martin remporte le trophée Calder, décerné à la meilleure recrue du circuit. « Ce trophée, qu'on n'a l'occasion de remporter qu'une seule fois, est venu couronner une belle première saison dans la Ligue nationale. » De plus, Martin est choisi sur l'équipe d'étoiles des recrues, succédant à Félix Potvin, qui avait obtenu le même honneur la saison précédente.

Le plus beau restait cependant à venir. La saison suivante, Martin Brodeur allait boire le champagne dans la coupe Stanley pour la toute première fois !

Jacques Lemaire et Martin Brodeur posent ensemble lors de la remise des trophées de la LNH au Convention Center de Toronto en 1995. Le premier a remporté le trophée Jack Adams, remis au meilleur entraîneur du circuit, et Martin, le trophée Calder, remis au meilleur joueur recrue.

Martin Brodeur a rapidement été adopté par les bruyants partisans des Devils du New Jersey grâce à ses performances et à son jeu spectaculaire. Il est devenu le joueur le plus populaire de l'équipe, celui par qui tout peut devenir possible.

MEADO

1. Martin devant son lieu de travail, le Brendan Byrne Arena, nommé ainsi en l'honneur de l'ancien gouverneur du New Jersey. Le complexe sportif, aussi appelé le Meadowlands Arena, a été renommé le Continental Airlines Arena le 1er janvier 1996.

2. Mats Sundin, des Nordiques de Québec, frustré par le gardien.

3. Au cours d'un match contre les Bruins de Boston, Martin s'apprête à prendre le contrôle de la rondelle.

4. Un jeu excitant contre les Rangers de New York.

5. Martin Brodeur résiste à une poussée de Steve Larmer, des Rangers de New York.

De Saint-Léonard au
New Jersey,
une deuxième demeure :

VLANDS

> J'ai compris assez jeune que je ne pouvais pas me permettre de me laisser aller, particulièrement au cours de l'été, mais l'entraînement est devenu au fil des ans un loisir. Je me fais un devoir d'être en excellente condition physique, ce qui me permet notamment d'éviter les blessures.

LES LOIS
SUPE

1. Martin ne fait pas que jouer au hockey : il se passionne pour son sport. Ici, il consulte le livre de son père, publié en 1993 : 30 ans de photos de hockey.

2. Pour satisfaire aux nombreuses demandes de ses fans, Martin passe beaucoup de temps à dédicacer des photographies.

3. À Essex County, au New Jersey, où il a occupé pendant un certain temps un condominium dans un édifice habité par plusieurs athlètes de la région new-yorkaise.

2.

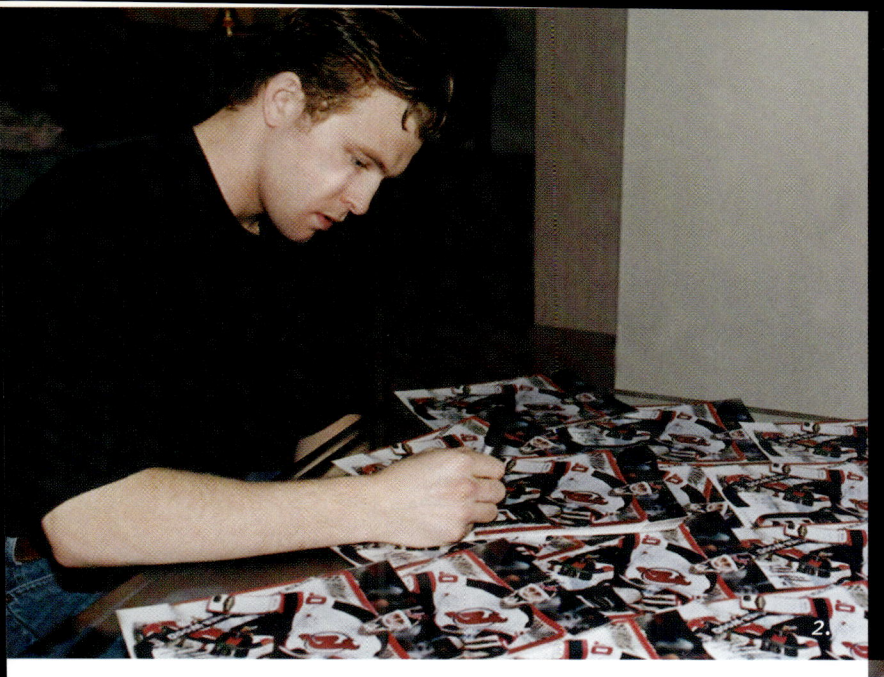

Hors glace, un homme comme les autres

RS D'UNE
RSTAR

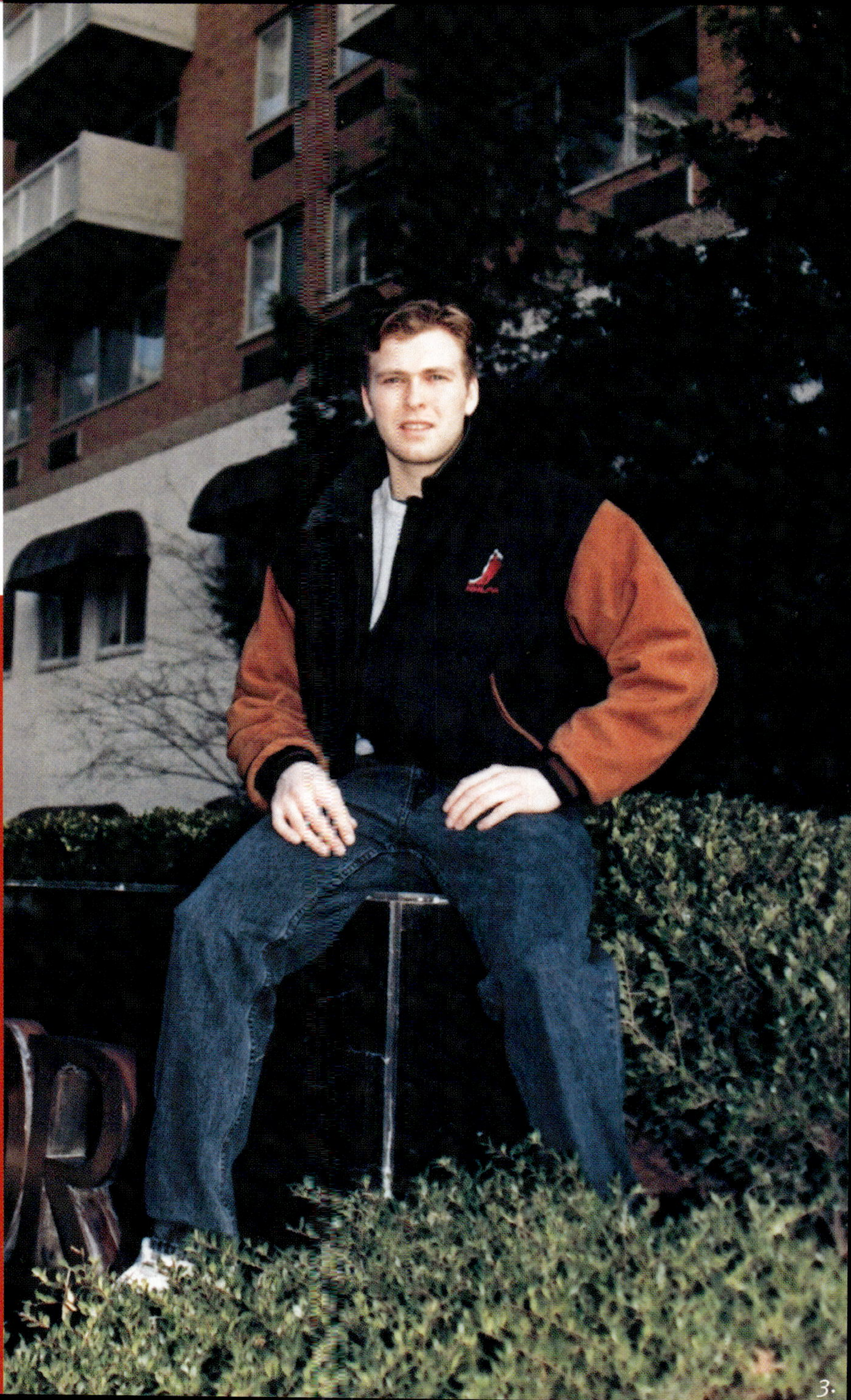

3.

C'était la première fois que j'avais l'occasion de rencontrer les grandes vedettes de la Ligue et j'étais nerveux. Je me sentais bizarre, comme si j'étais un imposteur et que je ne devais pas être là !

PARMI LES
DE LA

1. Martin et trois de ses coéquipiers de l'équipe de la conférence de l'Est : Eric Lindros, Raymond Bourque et Mario Lemieux.

2. Sur le banc des joueurs, durant la partie, l'atmosphère est détendue et Martin profite de chaque moment pour s'imprégner de la franche camaraderie qui y règne.

3. L'équipe d'étoiles de la conférence de l'Est remporta le match par la marque de 5-4.

4. Martin, devant son filet.

5. Bien appuyé par ses défenseurs, Martin repousse une attaque de Wayne Gretzky.

6. Scott Stevens et Martin, les deux représentants des Devils du New Jersey qui participaient à ce match des étoiles.

Un autre rêve se réalise en 1996

ÉTOILES LNH

MARTIN BRODEUR
DANS LA MIRE DE SON PÈRE

Denis Brodeur, vétéran photographe sur la scène montréalaise, à l'œuvre lors d'un match disputé au Centre Molson. Depuis 1993, il a eu le loisir de prendre plusieurs centaines de clichés de son fils.

Photographe de sport depuis plus de quarante ans, Denis Brodeur ne pouvait avoir meilleur sujet que son fils Martin. « Depuis ses débuts professionnels, je l'ai photographié au Forum, au Centre Molson et à plusieurs reprises à l'étranger. C'est vraiment excitant de suivre ses faits et gestes car il est spectaculaire. »

DANS LA M
SON

1. Bien concentré, Martin réussit à conserver la rondelle.

2. Le gardien résiste à une attaque de Benoit Brunet, du Canadien.

3. À l'heure des exercices d'avant-match, Martin et Jocelyn Thibault font un brin de causette.

4. Martin démontre son habileté à contrôler la rondelle en empêchant un joueur du Tricolore de s'emparer du disque.

5. Un arrêt spectaculaire aux dépens de Richard Zednik.

3.

Quand le photographe
a un sujet en or...

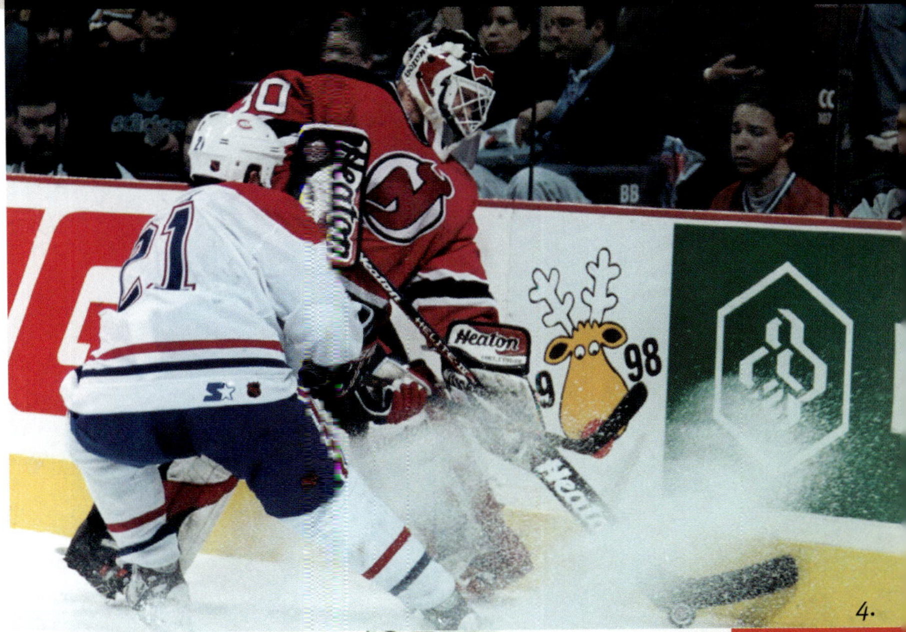

4.

R E D E
P È R E

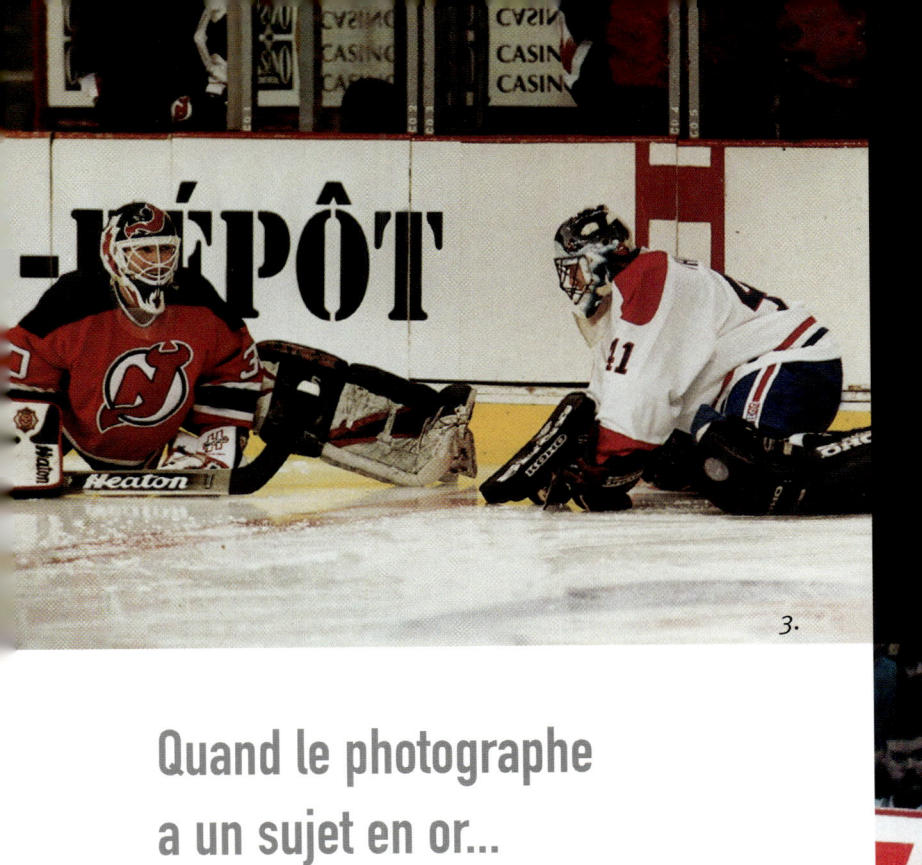

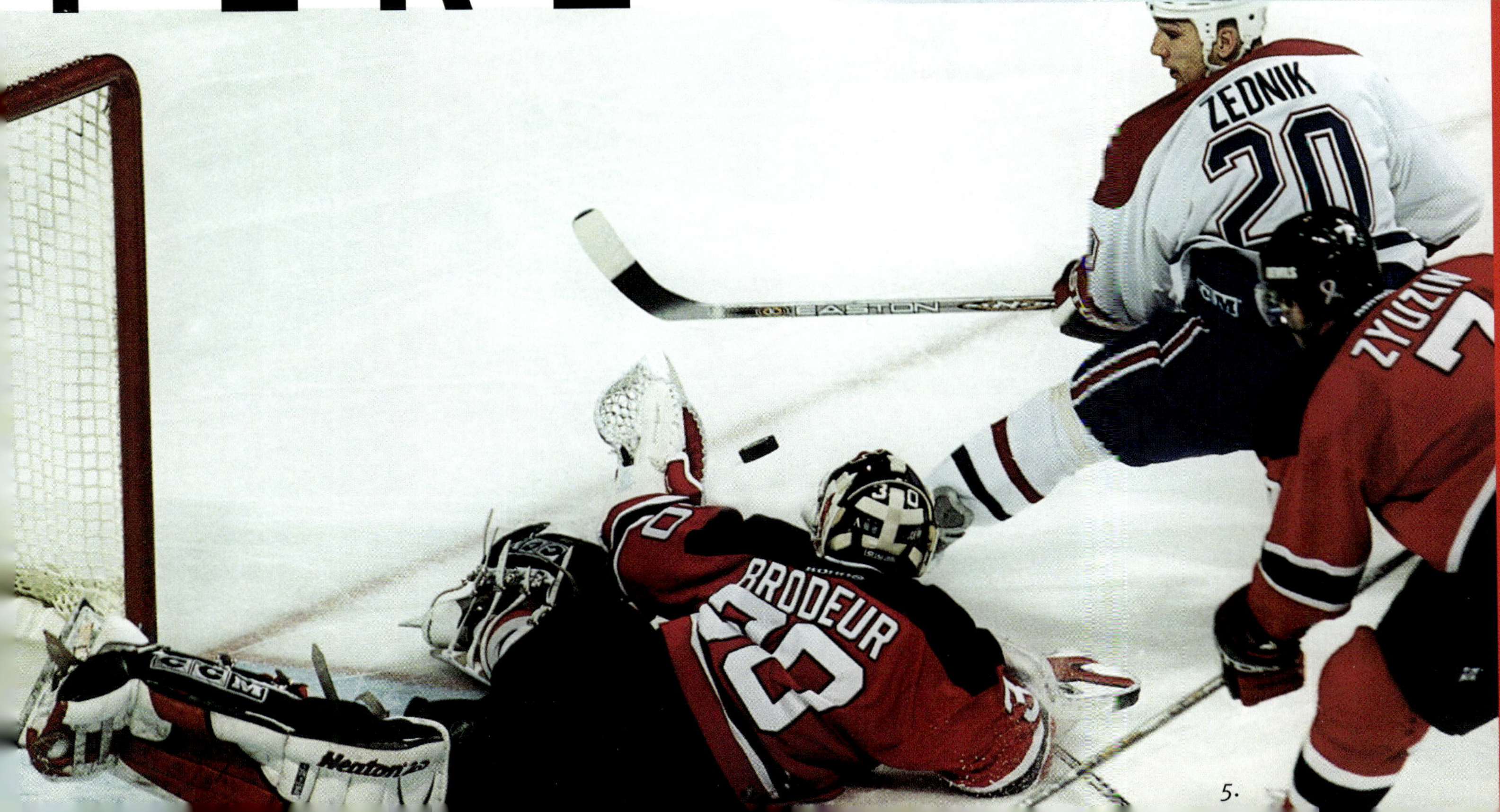

5.

6.

Je sais que lorsque je joue à Montréal, mon père est là, à me photographier, que mes amis et mes parents sont dans les gradins, mais je ne me mets pas de pression avec tout cela. Quand le match débute, je me concentre uniquement sur le jeu, mais je ne peux pas dire que je suis tendu. Je suis plutôt excité, j'ai hâte de faire des arrêts, de prendre possession de la rondelle.

7.

6. « Quand j'ai joué à Montréal mes premières parties de hockey au Forum, contre le Canadien, je savais que mes proches étaient là, et c'était vraiment excitant. Et en plus, mon père avait son objectif braqué sur moi, c'était à mon tour d'être dans sa mire ! »

7. Martin effectue un bel arrêt et fait voir toute la beauté de son style.

8. Embêté par Brian Savage, Martin tente tant bien que mal de défendre son filet.

9. Un autre arrêt spectaculaire signé Brodeur, sous les yeux du défenseur Shawn Chambers.

LE DÉFI
VERS LA COUPE STANLEY

Après avoir remporté le trophée Calder et connu une excellente première saison dans la Ligue nationale de hockey — meilleure que la première campagne de son idole d'enfance, Patrick Roy —, le temps était venu pour Martin de se reposer et de profiter de ses vacances avec Mélanie.

Cependant, la recrue de l'année tient à démontrer que son succès n'est pas le fruit du hasard. Martin se remet rapidement à l'entraînement, comptant bien se présenter en excellente condition physique au camp d'entraînement des Devils.

Comme tous les autres joueurs de la LNH, Martin fut toutefois contraint à de longs mois d'inactivité en raison du plus sérieux conflit de travail à avoir eu lieu dans la Ligue nationale. Grève ou lock-out? Les versions diffèrent et le conflit s'éternise. Martin poursuit l'entraînement à Rosemère, en banlieue de Montréal, en compagnie de quelques joueurs du Canadien, puis au New Jersey. Il participe également au Défi 4 x 4, une compétition organisée par l'Association des joueurs.

Martin, qui est sans contrat avec les Devils, prend son mal en patience comme les autres hockeyeurs durant le conflit. « Je pense que ce sera long parce que les deux parties ne se parlent pas. Je ne crois pas qu'on retourne au jeu avant le mois de décembre. » Quant au contrat que son agent, Gilles Lupien, négocie pour lui, Martin se montre philosophe. « Puisque je n'ai pas de contrat, c'est moi qui perds le moins d'argent dans ce conflit ! J'ai seulement 22 ans et je serais sensé être encore sur les bancs d'école. Je peux très bien me débrouiller même si l'argent tarde à rentrer. Ce n'est pas comme si j'avais sept ou huit enfants à faire vivre. »

« Nous savions que nous avions une bonne équipe, avoue Martin, mais nous avons vraiment cru en nos chances de remporter la Coupe Stanley seulement après avoir éliminé les Flyers pour accéder à la finale. »

Finalement, après de longs mois d'attente, autant pour les joueurs que pour les amateurs, le conflit se règle lorsque le commissaire de la LNH, Gary Bettman, et le directeur général de l'Association des joueurs, Bob Goodenow, en viennent à une entente en janvier. Pas moins de 468 parties ont été annulées en raison de ce conflit de travail, qui aura duré du 1er octobre 1994 au 19 janvier 1995. Un calendrier de 48 parties fut élaboré par les dirigeants de la LNH, débutant le 20 janvier et se terminant le 3 mai.

Au New Jersey, les Devils, toujours sous la férule de Jacques Lemaire, terminèrent au deuxième rang de la division Atlantique, huit points derrière les Flyers de Philadelphie. Martin disputa 40 des 48 matchs de son équipe, conservant une moyenne de buts accordés de 2,45.

Au cours de cette saison, l'équipe de Lemaire connut beaucoup de succès en appliquant la « trappe », un système défensif permettant de neutraliser les charges offensives adverses et de limiter le nombre de tirs au but. Comparativement à la saison 1993-1994, où il avait disputé 47 matchs, Martin n'accorda que 89 buts, soit 16 de moins que l'année précédente. Contrairement à bien des joueurs de la LNH qui ont connu ce qu'on appelle la « guigne de la deuxième saison », Brodeur devint rapidement le joueur le plus populaire de l'équipe auprès des partisans grâce à son jeu souvent spectaculaire devant le filet.

Cette demi-saison terminée, les Devils allaient se frotter aux Bruins de Boston de l'entraîneur Brian Sutter lors de la première ronde des éliminatoires. Lors des deux premiers matchs, Martin Brodeur se montra intraitable, n'accordant aucun but aux Bruins dans des victoires de 5-0 et de 3-0. Après avoir échappé le troisième match, Martin signa un autre blanchissage alors que son équipe l'emporta 1-0 en prolongation, grâce à un but de Randy McKay. Une partie pourtant dominée par les Bruins, qui lancèrent à 37 reprises sur Brodeur. Jacques Lemaire déclara après le match : « Les Bruins ont eu quelques bonnes chances de marquer avant le but de McKay, mais Martin a effectué les gros arrêts. » Quant à Brodeur, en blanchissant les Bruins pour une troisième fois, il égalait le record du plus grand nombre de jeux blancs par un gardien dans une série. « Mes trois blanchissages me procurent une belle sensation, mais nos trois victoires me donnent encore plus de satisfaction. Je me croise les doigts. Même moi, je suis surpris de ce qui m'arrive. Les gars jouent bien devant moi, mais d'un autre côté, je dois en faire autant », raconta aux journalistes celui qui venait de blanchir les Bruins 12 périodes sur 13. « J'ai l'impression de vivre un rêve, ajouta-t-il. Lorsque les choses vont bien, tu ne veux pas que ça s'arrête. La meilleure chose à faire est de travailler fort et de se donner entièrement. »

C'est finalement en cinq matchs, par une victoire de 3-2, que les Devils éliminèrent les Bruins et accédèrent à la ronde suivante. En cinq rencontres, Brodeur n'aura accordé que cinq buts.

Le duel s'annonçait plus difficile contre les Penguins de Pittsburgh, menés par Jaromir Jagr, le champion marqueur de la saison régulière avec ses 32 buts et 38 passes en 48 matchs. Les Penguins étaient cependant privés de

Inspirés par un Martin Brodeur au sommet de sa forme, spectaculaire à souhait, les Devils allaient surprendre bien des experts lors des éliminatoires de 1995.

« Il est souvent difficile de bien demeurer dans le match lorsque tu reçois peu de lancers. Chaque arrêt devient important, la pression est beaucoup plus grande à ce moment-là. Moi, plus je reçois de lancers, plus je me sens bien devant mon filet. »

Mario Lemieux, forcé de rater la saison en raison de maux de dos et de la fatigue engendrée par sa lutte contre la maladie de Hodgkin. Si Martin s'était dressé comme un mur devant son filet contre les joueurs des Bruins, son adversaire à l'autre bout de la patinoire, le vétéran Ken Wregget, venait de connaître la meilleure saison de sa carrière. En 38 matchs, il avait enregistré 25 victoires et conservé une moyenne de buts accordés de 3,21.

Les Jagr, Francis, Robitaille et Stevens allaient tenter de percer le système défensif de Jacques Lemaire : le duel s'annonçait intéressant. Le premier match est chaudement disputé, et grâce à un but de Luc Robitaille, marqué à 18 min 44 de la troisième période, les Penguins gagnent la première rencontre 3-2. Ce sera la seule victoire de l'entraîneur et ancien gardien de but Eddie Johnston dans cette série.

Lors du deuxième match, Claude Lemieux, l'homme des grandes occasions, marque à deux reprises et les Devils l'emportent 4-2. La victoire est encore plus convaincante lors du troisième match. La troupe de Jacques Lemaire lance 45 fois vers Wregget et gagne la partie par la marque de 5-1. Les Devils assomment les Penguins en gagnant la quatrième rencontre en surtemps, 2-1. Les Penguins sont finalement éliminés en cinq matchs après avoir été écrasés 4-1. Encore une fois, même s'il n'a pas nécessairement fait face à une fusillade en règle, Martin Brodeur s'est avéré solide et a inspiré ses coéquipiers par son jeu constant, comme il l'avait fait la saison précédente en menant son équipe à la finale de conférence.

Au printemps 1994, les Devils s'étaient mesurés aux Rangers dans la lutte pour l'obtention du trophée Prince-de-Galles. Cette fois, ce sont les Flyers de Philadelphie qui sont au rendez-vous, après s'être débarrassés des Rangers en quatre matchs. L'équipe dirigée par Terry Murray est alors menée à l'attaque par un trio explosif, surnommé « The Legion of Doom » : Eric Lindros, deuxième marqueur de la Ligue, Michael Renberg et John LeClair. Devant le filet, Ron Hextall, l'une des idoles de Martin, est l'homme de la situation. Toutefois, le jeune gardien n'est pas du genre à se laisser impressionner. Il confie, à la veille du premier affrontement : « J'aime jouer sous pression. Présentement, je me sens bien dans ma peau. Ma plus grande fierté, c'est d'être constant match après match. En ce sens, je m'inspire de Patrick Roy. »

Au sujet de l'imposant et redoutable Eric Lindros, il ajoute : « Lindros n'a pas la finesse d'un Jagr, mais il est tout aussi dangereux autour du filet. Il utilise très bien sa grande force physique. À chaque tir qu'il effectue, je sais que ça va me faire mal... »

Lors du premier match, l'attaque des Flyers est neutralisée et les Devils l'emportent 4-1. Même scénario lors de la deuxième rencontre : les hommes de Jacques Lemaire triomphent facilement par la marque de 5-2. Brodeur, bien que peu menacé, effectue quelques bons arrêts pour empêcher l'équipe dirigée par Roger Neilson et Wayne Cashman de causer un revirement. Toutefois, les Flyers ne sont pas du genre à se laisser abattre. Martin Brodeur, lui, jubile. Non seulement les Devils sont-ils à deux victoires de participer à la finale de la Coupe Stanley pour la première fois de leur histoire, mais en plus Martin deviendra papa dans les prochains jours.

Au cours du troisième match, qui a lieu au New Jersey le 7 juin, un faible tir de loin dirigé par Rob Brind'Amour se faufile derrière Martin, permettant aux Flyers de demeurer dans le match. Après 60 minutes de jeu, la marque est égale 2-2, mais cette partie âprement disputée prend fin en première période de prolongation lorsque Eric Lindros parvient à déjouer le gardien des Devils pour procurer la victoire aux siens. Certains journalistes iront jusqu'à écrire par la suite que ce « mauvais but » pourrait s'avérer le fait saillant de la demi-finale de la Coupe Stanley, mais Martin, lui, est fidèle à ses habitudes. Il expliquera à un journaliste : « Je n'ai jamais vu la rondelle avant qu'elle touche à ma jambière. Comment pourrais-je m'en vouloir ? Il ne faut pas s'en faire avec ça. C'est arrivé et ça va arriver encore. Il faut être capable d'oublier... »

Un gardien au-dessus de la mêlée

Il est toujours difficile de prédire l'avenir. Pourtant, le soir du 26 mars 1992, il m'a semblé avoir de l'avenir une vision très claire. Ce soir-là, un jeune gardien de but faisait ses débuts dans la Ligue nationale de hockey dans des circonstances tout à fait imprévues, et annonçait sans le savoir qu'il se taillerait un jour une place bien à lui dans l'histoire du hockey.

Lorsqu'il fut rappelé d'urgence du club de Saint-Hyacinthe de la Ligue de hockey junior majeur du Québec il y a un peu plus de 10 ans, Martin Brodeur était encore un inconnu, tout juste un visage candide qui figurait sur une photo de l'album des recrues des Devils du New Jersey. Il portait une moustache qu'il allait bientôt perdre, mais il ne perdrait pas sa première partie.

La recrue arrêta 24 des 26 tirs de ses adversaires dans un gain de 4-2 contre les Bruins de Boston, une victoire qui assurait aux Devils une participation aux séries éliminatoires. Tout le monde ne s'en aperçut pas, mais ce soir-là Brodeur sema suffisamment d'indices au Meadowlands Arena pour que tous les amateurs un peu perspicaces devinent ce que leur réservait l'avenir. Ce que nous avions vu, ce fut une sorte de grâce, aussi bien sur la patinoire qu'à l'extérieur. Une grande confiance en soi, mais sans aucune arrogance. Il se montre aimable et coopère avec les journalistes même durant les moments les plus difficiles. Voilà une attitude qui le distingue des autres et le place au-dessus de la mêlée. Je considère comme une véritable chance d'avoir pu couvrir toute la carrière de Brodeur dans la LNH pour le *Star Ledger* au New Jersey et le magazine *Hockey News*.

Ce n'est pas un hasard si les Devils devinrent l'une des meilleures équipes de la LNH au cours de la saison 1993-1994, lorsque Brodeur s'amena pour de bon et mérita le trophée Calder, décerné à la meilleure recrue. Tout le monde n'était peut-être pas convaincu qu'il était prêt à devenir le gardien numéro un des Devils, mais l'entraîneur Jacques Lemaire le savait, et cette saison fut un tournant pour l'avenir de l'équipe.

Bien sûr, tout cela aurait aussi bien pu ne pas arriver n'eut été de la décision rendue par un médiateur quelques années plus tôt. À l'été 1991, les Blues de Saint-Louis s'étaient rendus coupables d'un véritable vol aux dépens des Devils en faisant signer un contrat à Brendan Shanahan, jeune attaquant talentueux devenu agent libre. Les Devils avaient droit à une compensation pour Shanahan et, pour régler la question, les Blues voulaient envoyer au New Jersey un gardien nommé Curtis Joseph en compagnie de l'attaquant Rod Brind'Amour. Le directeur général des Devils, Lou Lamoriello, préférait le défenseur Scott Stevens et finit par l'obtenir à titre de dédommagement. J'ai demandé un jour à Brodeur ce qui serait arrivé si les Devils avaient obtenu Joseph et si celui-ci avait gardé les buts tandis que, toujours inconnu, Martin Brodeur jouait dans la Ligue américaine. « Je serais devenu le meilleur gardien de but de toute l'histoire de la ville d'Utica, répondit Brodeur en riant. Et mon chandail serait suspendu au-dessus de la patinoire d'Utica. »

À la vérité, les Devils ont toujours su quel excellent gardien ils possédaient en la personne du « kid » de Montréal. Des années plus tard, Lamoriello se souvient de ce qu'il appréciait chez lui : « Il adore jouer au hockey. Il a toujours été enthousiaste et il a une personnalité du tonnerre pour un gardien de but. »

Au repêchage universel de 1990, les Devils possédaient le 11e choix et plusieurs s'attendaient à ce qu'ils choisissent Trevor Kidd. Lamoriello, confiant qu'il pourrait obtenir Brodeur plus tard au cours du premier tour, échangea son choix aux Flames de Calgary. En retour, il obtint Brodeur au 20e rang, en même temps que deux choix de deuxième ronde. « Calgary voulait avoir Kidd et nous le savions, raconte Lamoriello. Nous préférions Martin. Nous étions fous de joie quand nous l'avons eu. » Rétrospectivement, c'était un risque énorme.

Il y a bien sûr dans la carrière de Brodeur des moments qui se démarquent des autres. Par exemple, le soir du 17 avril 1997, lorsqu'il devint le deuxième gardien de but de l'histoire de la LNH à compter un but durant les séries éliminatoires de la Coupe Stanley. Cela se passa à l'occasion d'un match contre le Canadien, à Montréal, et la photo de la réaction de Brodeur nous permet encore de revivre ce moment extraordinaire.

Il y eut aussi les quarts de finale de la conférence de l'Est, en 1995, contre les Bruins de Boston, alors que Martin réussit trois blanchissages dans cette seule série, avant de gagner un peu plus tard sa première Coupe Stanley. Ce soir-là, après que Brodeur a enregistré une moyenne de buts accordés de 1,75 dans la série finale contre les Red Wings de Detroit, les reporters qui réussirent à se frayer de force un chemin jusqu'au vestiaire découvrirent le curieux spectacle d'un groupe de jeunes vedettes, dont Bill Guerin, Scott Niedermayer et Brodeur, en train de fumer maladroitement le cigare de la victoire.

Nous avons vu Martin, ignorant la pression, relever son masque sur sa tête de façon à pouvoir regarder l'écran vidéo de l'amphithéâtre, une chose que bien peu de gardiens se risqueraient à faire. Brodeur, vous vous en doutez, ne manque pas grand-chose. On connaît aussi l'image désormais classique de ce regard fixe, intimidant, à travers la grille du masque, auquel se mesurèrent les joueurs adverses durant les séries finales de 1995 au Joe Louis Arena, de même que durant les séries finales de 2000 au Reunion Arena de Dallas, et à Salt Lake City pendant les Jeux olympiques d'hiver de 2002, lorsque Martin arrêta l'équipe américaine (Team USA) et que le Canada s'empara de la médaille d'or. Puis il y a eu d'autres moments, comme ce matin du 15 décembre 2001, quand Brodeur reçut un coup de téléphone de Wayne Gretzky lui demandant s'il acceptait de faire partie de l'équipe olympique canadienne de 2002. Ce soir-là, Brodeur écrasa les Sénateurs d'Ottawa et obtint sa 300e victoire en carrière.

Au stade actuel de sa carrière, Brodeur a déjà conquis une place parmi les plus grands gardiens de tous les temps, les Tony Esposito, Jacques Plante, Terry Sawchuck et Patrick Roy. Néanmoins, ceux qui, peu nombreux, ont eu le privilège de voir ce garçon prometteur se développer et devenir une étoile, un médaillé d'or, savent que les statistiques comptent assez peu pour lui. Il n'y a qu'à voir le respect dont l'entourent ses coéquipiers des Devils pour comprendre que sa présence signifie pour eux bien plus qu'une simple question de victoires et de défaites. Un coup d'œil à son masque, qui arbore les initiales de ses enfants (Anthony, William, Jeremy et Anabelle), dévoile ses vraies priorités. Parlez-en à ses frères ou à son père, et vous comprendrez pourquoi.

Aucun gardien n'a jamais manié la rondelle aussi bien que Martin Brodeur, et il aura un jour sa place au Temple de la renommée du hockey. Mais ça, bien sûr, seul l'avenir nous le dira...

Rich Chere
Journaliste au *Star Ledger*,
New Jersey, juin 2002

> Entre Chris Terreri et moi, ça a tout de suite cliqué, même si au fond, je suis arrivé au New Jersey et que je lui ai volé son poste, il n'a jamais cessé de m'encourager.

C'est après ce troisième match que le jeune gardien devient papa pour la première fois. Sa conjointe Mélanie donne naissance le 8 juin à un fils de six livres, prénommé Anthony. L'enfant et la mère se portent bien, Martin retourne au boulot.

De retour à l'entraînement le lendemain de l'accouchement de sa conjointe, Martin affirme devant les journalistes que l'imminence de sa paternité n'a nullement nui à sa concentration, contredisant ainsi une idée lancée par l'entraîneur Jacques Lemaire. « Sur la glace, je ne pense qu'à arrêter les rondelles, dit Martin. Il n'y a pas de problème, je vais être prêt pour le prochain match, je me suis assuré d'avoir accumulé assez de sommeil. »

Ce quatrième match disputé à East Rutherford se solde par une victoire des Flyers, par la marque de 4-2. Brodeur est remplacé par Chris Terreri devant le filet en troisième période, mais il va revenir plus fort lors des prochains matchs. « Accorder des buts, ça fait partie du métier. Il faut simplement savoir oublier et regarder en avant, se concentrer sur le prochain match », déclare le gardien aux journalistes rassemblés dans le vestiaire après la rencontre.

« Quand je regarde Martin connaître tous ces succès, je ne peux m'empêcher de me rappeler que lorsqu'il était petit, je l'amenais patiner au Forum lors de la journée des médias, tout juste avant Noël. Je l'installais sur le dessus du filet et je prenais des photos. Et aujourd'hui, il est l'un des meilleurs gardiens de la Ligue. C'est assez incroyable ! » de confier fièrement son paternel.

Brodeur ne fait face qu'à 18 lancers lors de la cinquième rencontre remportée 3-2 par son équipe, et les Devils s'assurent deux jours plus tard devant leurs partisans de participer à la finale en disposant des Flyers par la marque de 4-2. Le système défensif étanche de Jacques Lemaire fut fort efficace : Brodeur ne reçut que 16 lancers au cours de ce dernier match de la série. Denis Brodeur, qui assiste à plusieurs matchs de son fils au cours des éliminatoires, se met à rêver à la Coupe Stanley. Il se livre au journaliste Pierre Durocher : « Je peux vous garantir que si Martin remporte la Coupe, il y aura un méchant *party* sur notre rue, à Saint-Léonard. Il faudra fermer la rue ! »

Si, lors des éliminatoires de la saison précédente, Martin Brodeur et les Devils avaient été éliminés en sept matchs par les Rangers de New York, de surcroît en deuxième période de prolongation grâce à un but de Stéphane Matteau, cette fois l'étape était franchie. « Nous étions venus bien près de participer à la finale en 1994 et là, on savait ce qui nous attendait. Nous étions confiants de vaincre les Flyers pour atteindre la finale », dit-il. Et Martin d'encenser son entraîneur : « Le système de jeu de la trappe préconisé par les Devils n'est pas spectaculaire, mais il est efficace. On a toujours une chance de l'emporter. Jacques effectue tout un travail derrière le banc. C'est un gagnant et les joueurs le respectent énormément. »

Pour la première fois de leur histoire, les Devils — d'abord les Scouts de Kansas City à leur entrée dans la LNH en 1974, puis les Rockies du Colorado avant de s'établir au New Jersey en 1982 — participent à la finale de la Coupe Stanley. On allait assister à un duel entre deux des meilleurs entraîneurs de la Ligue nationale, soit Scotty Bowman et Jacques Lemaire, ce dernier ayant joué durant huit saisons sous les ordres de Bowman pour le Canadien de Montréal. Le duel entre les deux entraîneurs n'eut véritablement jamais lieu, les Devils s'avérant beaucoup trop puissants pour les champions de la division Ouest de la LNH, particulièrement sur le plan défensif.

Malgré la présence de joueurs aussi talentueux que Sergei Fedorov (meilleur marqueur des séries en 1995 avec 7 buts et 17 passes), Paul Coffey, Steve Yzerman et Keith Primeau, entre autres, les Red Wings firent chou blanc. L'équipe qui avait accumulé 60 points en saison régulière et 10 victoires de plus que les Devils pour terminer au premier rang de la Ligue se buta à un Brodeur en grande forme et au système défensif des hommes de Lemaire.

Au cours du troisième match de la finale contre les Red Wings, Martin effectue un arrêt important contre Chris Draper. « Ça a été l'un de mes gros arrêts de ce match et tout de suite après, nous avons marqué un but. Le vent peut tourner de bord rapidement au hockey, d'où l'importance que j'effectue mon boulot à la perfection pour donner toutes les chances à mon équipe. »

« Nous étions les négligés lors de cette finale contre Detroit, mais après avoir réussi à éliminer Philadelphie, nous savions que nous avions les outils pour relever le défi. Tout de même, pour être honnête, nous ne nous attendions pas à remporter la Coupe Stanley en quatre matchs. »

Les attaquants des Wings s'acharnent sur Brodeur, mais le gardien, solide, ne cède pas un pouce.

C'est en quatre matchs consécutifs que les Devils, menés par Claude Lemieux à l'attaque, éliminent les Red Wings. Des victoires de 2-1 et de 4-2 à Detroit, puis deux autres sans équivoque par la marque de 5-2, devant leurs partisans. « Les dernières minutes m'ont paru durer une éternité. On menait 5-2 et je voulais seulement que le temps s'écoule au plus vite. La dernière minute, c'est la plus longue que tu peux passer, surtout que je n'avais presque pas reçu de lancers. Entre les arrêts de jeu, je regardais les *fans* dans les estrades qui criaient et manifestaient leur joie ; sur le banc, je voyais des joueurs qui pleuraient, qui attendaient de pouvoir sauter sur la glace pour célébrer la victoire. C'était ma première Coupe Stanley et je "capotais". Tu ne peux pas savoir ce que c'est, le *feeling* que tu peux ressentir tant que tu ne l'as pas vécu. Quand la sirène s'est fait entendre, annonçant la fin de la partie, j'ai senti une grande vague d'émotions me submerger, c'était incroyable comme sensation », raconte Martin.

Lorsque le match prend fin, Brodeur bondit de joie et se met à danser devant son filet, avant d'être rapidement enseveli par tous ses coéquipiers. Dans le vestiaire, le champagne coule à flots et en ce 24 juin, jour de fête nationale au Québec, Martin, Stéphane Richer et Claude Lemieux entonnent

Trois joueurs originaires du Québec, qui ont été des éléments clés de cette conquête de la Coupe Stanley : Martin Brodeur, Claude Lemieux et Stéphane Richer.

[Avant le début de la quatrième partie contre les Red Wings, j'avais essayé d'imaginer comment ça allait se passer, ce que j'allais ressentir si jamais nous remportions la Coupe Stanley devant nos partisans, mais quand ça s'est concrétisé, le feeling était encore plus fort que je ne l'avais imaginé. J'ai vraiment réalisé comment c'était «gros» de faire partie de l'équipe championne de la Coupe Stanley.]

LA PREMIÈ
STA

1. Stéphane Richer et Martin posent pour Denis Brodeur sur la patinoire, après la conquête du précieux trophée.

2. Les Devils, négligés en séries éliminatoires, mais dirigés de main de maître par Jacques Lemaire, célèbrent la première conquête de la Coupe Stanley de leur histoire.

3. À seulement 23 ans et dès sa deuxième saison dans la Ligue nationale de hockey, Martin Brodeur inscrit son nom sur la coupe Stanley.

4. Martin Brodeur réalise son rêve : son nom est inscrit sur la coupe Stanley.

En 1995, le rêve se réalise

E COUPE
NLEY

«Comme dans un rêve, tout était parfait. Nous venions de gagner en quatre matchs, et en plus, devant nos partisans, qui méritaient bien de vivre ce moment après de nombreuses années d'espérance. Je ne pouvais réellement demander mieux.»

fièrement *Gens du pays,* de Gilles Vigneault, presque un hymne national pour les Québécois. Denis Brodeur, qui est sur place avec ses fils Claude et Denis, participe aux festivités, d'abord sur la glace, puis dans le vestiaire. Le photographe réalise un grand rêve en voyant son fils Martin boire le champagne dans la coupe Stanley. «On a beau y penser, espérer qu'un jour notre fils inscrira son nom sur ce trophée, mais quand ça arrive, ça dépasse toutes tes espérances. Ça a été un moment incroyable à vivre et j'ai même eu l'occasion de boire du champagne dans la coupe avec Martin», raconte Denis.

Toute ma famille n'a jamais cessé de m'encourager depuis mon enfance et j'étais réellement heureux de partager cette grande victoire avec eux. Claude, Denis et mon père ont pu fêter avec moi dans le vestiaire de l'équipe ce moment inoubliable.

> On en rêve depuis qu'on est enfant. On voit année après année à la télévision des joueurs brandir au bout de leurs bras la coupe Stanley, mais quand ça nous arrive, quand c'est à notre tour, c'est vraiment un sentiment extraordinaire. C'est une année de rêve pour moi, avec cette coupe Stanley et la naissance de mon premier enfant.

Dans la coupe, Anthony, le premier fils de Martin

Les Devils, une équipe reconnue surtout pour ses qualités défensives, ne marquèrent pas moins de 16 buts contre le gardien Mike Vernon lors de cette finale, tandis que Brodeur ne céda qu'à 7 reprises.

Disponible à titre de joueur autonome avec compensation le 1er juillet, à moins de recevoir une offre des Devils, Martin Brodeur savait qu'il était désormais dans une position favorable pour décrocher un contrat le payant à sa juste valeur. « En 1995, j'ai tout risqué. J'aurais pu être blessé ou connaître une mauvaise saison, et notre équipe aurait pu s'écraser dans les séries. Mais maintenant, nous sommes les champions et c'est à mon tour de relaxer au sujet du contrat », expliqua le gardien au *Journal de Montréal*, au lendemain de la victoire décisive de son équipe.

Après la conquête de la coupe Stanley en 1995, Martin et les joueurs de son équipe ont été invités à la Maison-Blanche pour y rencontrer le président Bill Clinton. Un moment que Martin n'oubliera jamais. «Il était très sympathique et il a pris le temps de blaguer en disant qu'il aimait bien mon surnom, The Kid, puisque c'était aussi le sien lorsqu'il était jeune.»

Au cours des séries éliminatoires de la saison précédente, Brodeur avait disputé 17 matchs, conservant une moyenne de buts accordés de 1,95. Cette fois, il avait fait encore mieux. En 20 matchs, il avait réussi 3 jeux blancs — tous contre les Bruins de Boston au cours de la série quart de finale — et accordé seulement 34 buts, pour une brillante moyenne de 1,67. Une performance qui aurait pu lui valoir le trophée Conn Smythe, remis au joueur le plus utile des séries, n'eut été de la performance du vétéran Claude Lemieux. En 20 matchs, l'ailier droit des Devils avait réussi 13 buts et récolté 3 passes, et c'est à lui que fut décerné cet honneur individuel.

Pour les joueurs de hockey qui subissent la défaite en finale de la Coupe Stanley ou, pire encore, qui voient leur équipe rater les éliminatoires, l'été peut parfois paraître très long. On se fait taquiner, certains se font critiquer, on entend à l'occasion des commentaires désobligeants. Une situation qui n'est pas toujours facile à vivre. Cette fois, Martin, à sa deuxième saison seulement, réussissait à inscrire son nom sur la coupe Stanley et l'été en fut un de réjouissances, d'autant plus qu'il signa finalement une entente avec les Devils avant qu'il ne puisse se prévaloir de son statut de joueur autonome.

Jacques Lemaire : « J'ai rapidement été emballé par le jeu de Martin. »

Après avoir joué durant 12 saisons pour le Canadien de Montréal et remporté la Coupe Stanley à 8 reprises, Jacques Lemaire s'est tourné vers le métier d'entraîneur. Lorsque Martin Brodeur a entrepris sa première saison dans la Ligue nationale, en 1993, Jacques Lemaire commençait sa première année à la barre des Devils du New Jersey, succédant à Herb Brooks.

« Nous comptions sur les services de Chris Terreri et de Peter Sidorkiewicz, et après quelques matchs, je n'avais pas une confiance énorme en mes gardiens. Seuls les bons joueurs, ceux qui ressortent à un moment donné, peuvent faire gagner ton club, et hausser leur jeu d'un cran dans les séries éliminatoires. Tout de suite, sans l'avoir réellement beaucoup vu jouer, je regardais la corpulence de Martin, comment il se tenait devant le filet, et ça m'inspirait beaucoup. J'avais aussi reçu de très bons commentaires de Jacques Caron, notre entraîneur des gardiens, qui disait que le jeune avait du potentiel, qu'il avait une bonne tête. »

Jacques Lemaire a donc décidé de garder Martin dans le grand club, mais de ne pas le jeter tout de suite dans la gueule du loup. « Chaque fois qu'il y a un jeune qui entre dans l'organisation et qui a du talent, je fais toujours bien attention de l'impliquer dans des situations où il va obtenir des résultats positifs. Je voulais faire jouer Martin dans des matchs qu'il pouvait gagner, quand l'équipe allait bien aller. Au début, je faisais confiance à Chris ; je n'essayais pas Martin, parce que je considérais que l'équipe n'était pas encore assez rodée. J'attendais le moment propice, parce que je crois qu'un joueur qui arrive dans une situation favorable, qui a du talent et qui reçoit de l'aide peut réussir. Il peut sauter des étapes et charrier un club sur ses épaules. C'est exactement ce qui est arrivé à Martin. Quand je l'ai fait jouer, j'ai tout de suite été emballé par sa façon de garder les buts. On rêvait, on se disait que s'il continuait à jouer ainsi, nous pourrions aller loin. »

Jacques Lemaire n'hésite pas lorsqu'on lui demande quelle est la plus belle qualité du gardien. « Martin est d'abord un compétiteur. Il se concentre, il aime jouer au hockey, ce qui n'est pas évident chez tous les joueurs. Il aime aussi les entraînements et cherche la compétition avec ses coéquipiers, ce qui n'est pas toujours courant. Il est aimable, tout le monde le respecte et l'aime beaucoup. »

Jacques Lemaire a dirigé les Devils durant cinq saisons. Il a donc eu le temps de bien connaître son gardien étoile, mais il a aussi eu le bonheur de remporter sa première Coupe Stanley à titre d'entraîneur avec l'équipe en 1995. « C'est inévitable : la formation qui gagne la Coupe Stanley doit, à un moment ou un autre, compter sur son gardien de but pour sauver l'équipe ; il doit effectuer les gros arrêts lors des moments cruciaux. Or, Martin a été solide dans chacune des séries de 1995 et il a été l'un des facteurs importants qui nous a permis de remporter la coupe Stanley. »

Le maire de Saint-Léonard, Frank Zampino, pose en compagnie de Martin Brodeur et de la coupe Stanley.

La famille Brodeur a le cœur à la fête! Dans l'ordre habituel, Mireille et Denis Brodeur en compagnie de leurs enfants, Martin, Denis, Line, Sylvie et Claude.

« Lorsque j'ai pu apporter la coupe Stanley à Montréal, cette grande fête à Saint-Léonard a été un beau moment de réjouissances. Ça m'a fait chaud au cœur de voir tous ces gens, dont plusieurs amis et connaissances, et de constater l'importance qu'ils attachaient tous au fait que j'ai remporté la Coupe Stanley, au plaisir de se faire photographier à mes côtés, avec le trophée. »

Martin et ses amis de toujours, avec qui il a disputé tant de parties de hockey dans la rue. « Ce jour-là, on a joué quatre contre quatre avec comme enjeu la coupe Stanley! » Martin ne faisait pas partie de l'équipe gagnante...

De retour au Québec, Martin fut le point de mire d'un grand rassemblement organisé par le maire de Saint-Léonard, Frank Zampino, qui invita tous les jeunes à venir rencontrer le gardien de but et voir de près la coupe Stanley. Comme l'avait prédit son père, il y eut toute une fête à Saint-Léonard, la ville où Martin avait vu le jour. *Mauriac en fête*, le 1er août 1995, s'avéra un franc succès. La rue où est située la maison familiale fut fermée à la circulation automobile, une scène fut élevée sur laquelle tout un chacun put se faire photographier en compagnie du gardien de but des Devils et de la coupe Stanley. Près de 1000 personnes participèrent à

À Montréal, Martin a profité du fait qu'il avait la coupe Stanley en sa possession pour aller rendre visite aux pompiers de Saint-Léonard.

De passage chez le célèbre barbier Menick.

cette sympathique célébration. Dans les jours suivants, Martin prit le temps d'aller visiter des enfants à l'Hôpital Sainte-Justine de Montréal et de retrouver ses amis pour leur montrer de près le célèbre trophée.

C'est le 19 août, à l'église de Saint-Liboire, la ville natale de sa compagne Mélanie, que l'union entre la jeune femme et Martin est célébrée devant 120 invités. Une cérémonie émouvante doublée d'un baptême, celui d'Anthony, le fils du couple, né quelques semaines plus tôt, le 8 juin.

« Mélanie et moi, nous avions commencé à préparer notre mariage au cours de l'hiver. Le jour venu, j'étais passablement nerveux, même si nous étions ensemble depuis déjà plusieurs années et que dans nos cœurs, c'était déjà comme si nous étions mariés. Ce fut vraiment une très belle journée. »

Ce mariage venait couronner une année extraordinaire dans la vie de Martin Brodeur, gagnant de la Coupe Stanley et du trophée Calder.

Les Devils s'effondrent!

La saison suivante, celle de 1995-1996, s'avère désastreuse pour les Devils. Pour la première fois depuis 1989, l'équipe est exclue des éliminatoires, terminant au sixième rang de la division Atlantique avec une fiche de 86 points, soit 17 points de moins que les meneurs, les Flyers de Philadelphie. Martin dispute presque tous les matchs de son équipe au cours de cette campagne (77 sur 82) et conserve malgré tout une moyenne de buts accordés de 2,34, réussit 6 jeux blancs, et domine la Ligue pour le nombre de minutes jouées au cours de la saison, soit 4433. Pour la première fois depuis l'époque où il jouait dans les rangs midgets, Martin voit sa saison finir tôt, beaucoup trop tôt selon lui.

Une consolation: en 1996, il participe à son premier match des étoiles de la Ligue nationale de hockey. «Le match avait lieu à Boston. C'était vraiment une belle expérience de me retrouver là, à côtoyer les étoiles de la Ligue, les Gretzky, Lemieux, Bourque, Jagr, Lindros. J'ai gardé les buts durant 20 minutes et j'étais bien fier, parce que je n'avais pas accordé de but», se souvient-il.

Une fois sa saison terminée avec les Devils, Martin accepte l'invitation de l'équipe canadienne à participer au Championnat du monde en Autriche. «Je savais que j'allais participer à la Coupe du monde à la fin de l'été — les noms des joueurs de l'équipe avaient été dévoilés le 15 avril — et je voulais prendre un peu d'expérience sur la scène internationale. Curtis Joseph et moi y sommes allés. Nous avons joué des matchs à tour de rôle, mais je me suis fait mal à un genou lors d'une rencontre. Je n'ai pas été en mesure de reprendre mon poste et c'est «Cujo» qui a été appelé à jouer, et il a très bien fait. C'était décevant, mais je n'y pouvais rien.»

Pour la première fois de sa carrière, Martin avait l'occasion de représenter son pays sur la scène internationale.

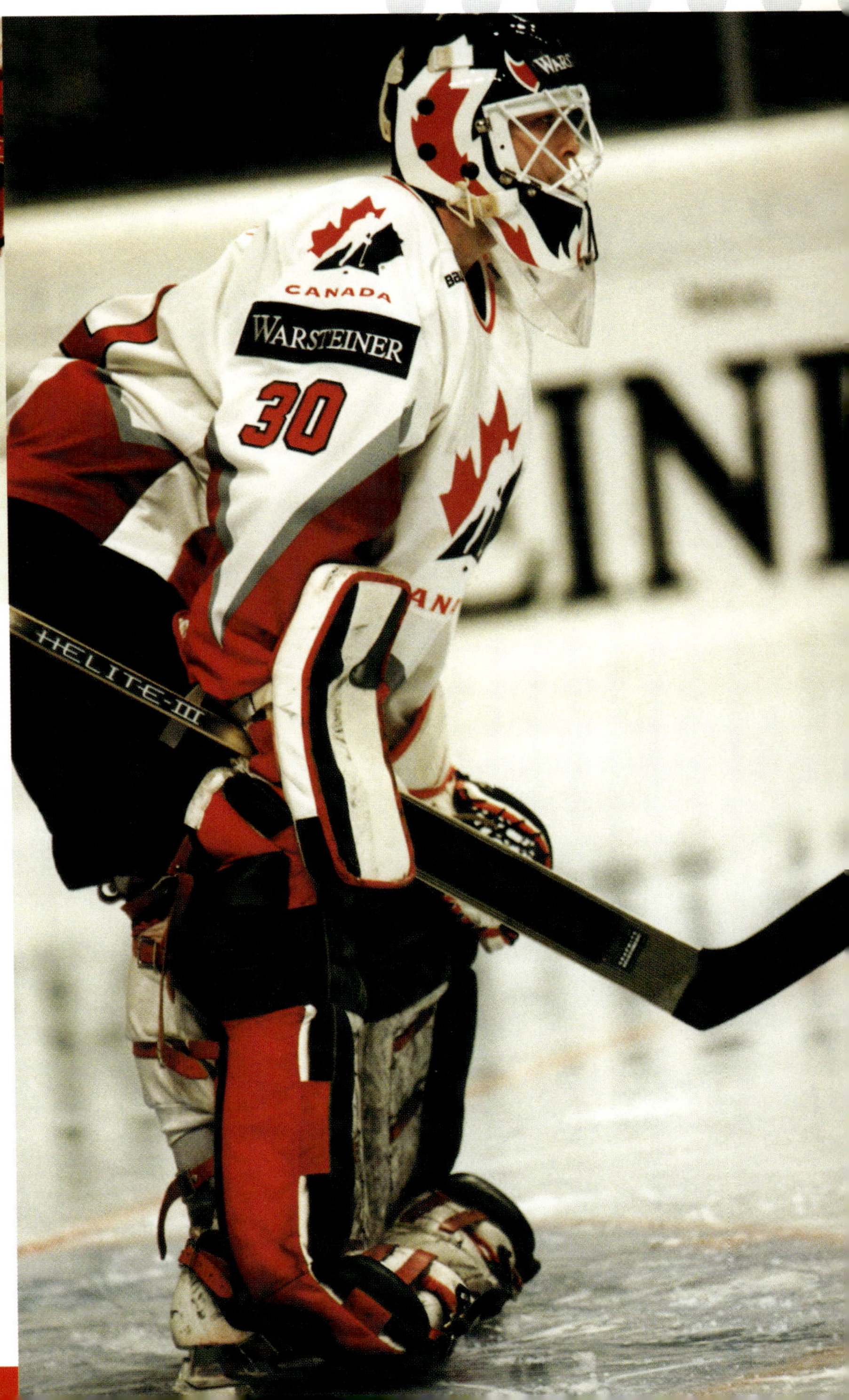

Martin s'élance sur la glace du Forum de Montréal. Il verra peu d'action au cours de ce tournoi.

Avant que ne s'ébranle la compétition de la Coupe du monde à la fin de l'été, on affirme déjà que l'équipe du Canada sera difficile à vaincre. « L'événement regroupant huit pays, qui succède au tournoi de la Coupe Canada, devrait donner lieu à des matchs serrés, mais aucune équipe ne se rapprochera d'Équipe Canada en ce qui a trait à son potentiel », écrit un journaliste de la Presse Canadienne. L'équipe compte sur les services des Gretzky, Lemieux, Lindros, Messier, Sakic, Kariya, Shanahan, Bourque, Coffey, Stevens et MacInnis, pour ne nommer que ceux-là. Trois gardiens font partie de la formation : Brodeur, Joseph et Bill Ranford, et la formation est dirigée par Glen Sather.

« Après avoir remporté la Coupe Stanley, c'était vraiment agréable et flatteur d'avoir été invité à participer à la Coupe du monde. Pour moi, c'était une grande fierté de jouer pour mon pays et j'anticipais déjà le plaisir de me mesurer aux meilleurs joueurs des autres formations. »

« On espère toujours jouer tous les matchs, ne jamais être confiné à regarder les autres jouer, du bout du banc. Ce premier tournoi a été décevant », confie Martin.

« Ne t'en fais pas, Martin, lui dit son père, tu auras bien l'occasion de te reprendre. Tu es encore jeune et des compétitions internationales, il y en a beaucoup d'autres qui t'attendent, peut-être même les Jeux olympiques ! » Martin n'était âgé que de 23 ans et Denis Brodeur, sage, ne pouvait mieux dire.

Curtis Joseph et Martin, vêtus de leur équipement, ont été transportés ainsi pour se rendre au pied des montagnes pour la photo d'équipe de la Coupe du monde, en 1996, à Whistler.

« Je n'ai pas vraiment aimé comment tout ça s'est déroulé », confie Martin, qui croyait bien être le gardien numéro un de l'équipe. « Curtis a bien joué lorsqu'il a été appelé à garder le filet et moi, j'ai été envoyé devant le but lors de la partie la plus difficile, contre les États-Unis. Nous avions voyagé de Vancouver à Philadelphie, après la victoire de 5-3 contre la Russie, et l'équipe américaine nous attendait de pied ferme, car il s'agissait de son premier match. Nous avons perdu cette rencontre 5-2 et, blessé légèrement à l'épaule, je n'ai pas eu la chance ensuite de jouer une autre partie, si ce n'est une courte apparition au cours du dernier match contre les États-Unis, une stratégie utilisée pour reposer Curtis Joseph. » Martin avait auparavant gardé les buts lors d'un match préparatoire contre l'équipe de la Russie, qui s'était soldé par un match nul de 4-4.

L'équipe des États-Unis remporta la finale aux dépens de la troupe canadienne et le gardien Mike Richter, de l'équipe championne, fut proclamé joueur le plus utile du tournoi. La défaite fut très difficile à encaisser pour les joueurs du Canada et l'expérience sur la scène du hockey internationale s'avérait à ce jour quelque peu décevante pour Martin Brodeur. Bien sûr, fidèle à lui-même, il répéta à plusieurs reprises qu'il acceptait son rôle, qu'il apprenait tout de même beaucoup en observant certains leaders et que l'expérience allait assurément lui être profitable. Cependant, il allait vivre une déception encore plus difficile à accepter en 1998, lors des Jeux olympiques de Nagano.

Une saison de rêve

Cela dit, la campagne 1996-1997 fut la meilleure en carrière de Martin Brodeur et la plus productive de l'histoire des Devils. Fouetté par son incapacité à démontrer son savoir-faire sur la scène internationale, et les Devils voulant faire oublier leur piètre performance de la saison précédente, Martin et ses coéquipiers firent flèche de tout bois. De la sixième position, les Devils terminèrent la saison au premier rang, avec une fiche de 45 victoires en 82 matchs et un total de 104 points. Les Devils remportaient le premier championnat de conférence de leur histoire. Seules les formations de Dallas et du Colorado les devancèrent au classement général. Le système de jeu mis au point par l'entraîneur Jacques Lemaire, allié aux performances de Brodeur, permit au gardien de but de remporter le trophée William M. Jennings, attribué au gardien de but ayant accordé le moins de buts au cours d'une saison. Cet honneur, comme le veut le règlement, Martin le partagea avec son adjoint Mike Dunham, puisque celui-ci avait été utilisé dans plus de 25 matchs. Les deux gardiens n'avaient accordé que 182 buts à l'adversaire.

Le 15 février 1997, grâce à une victoire de 4-1 contre le Canadien à Montréal, Martin établit un nouveau record d'équipe en remportant sa 107e victoire dans l'uniforme des Devils. Il devançait ainsi Chris Terreri, son bon ami et complice à ses débuts dans la LNH.

Au cours de la saison, Brodeur réussit 10 blanchissages, conserva une moyenne d'efficacité de 0,927, sa plus élevée en carrière, et présenta la meilleure moyenne de buts accordés de la Ligue, soit 1,88. Après avoir remporté le trophée Calder et la Coupe Stanley, Brodeur, par l'excellence de ses performances, prouvait hors de tout doute qu'il faisait partie de l'élite de la Ligue.

Sa fiche aurait certainement pu lui permettre de remporter le trophée Vézina, remis au meilleur gardien de la Ligue, mais le système de jeu hermétique des Devils — Brodeur et Dunham firent face à 1633 lancers au cours de la saison, comparativement à 2177 pour Dominik Hasek —, en plus de la campagne médiatique menée en faveur du gardien tchèque et, bien sûr, de son brio devant le filet, permirent au gardien des Sabres de Buffalo de devancer Martin lors du scrutin et de recevoir le trophée. À la fin de la saison, Hasek remporta aussi le trophée Hart, remis au joueur le plus utile à son équipe, et le Lester B. Pearson, attribué au meilleur joueur de la

Ligue, selon les membres de l'Association des joueurs de la LNH. Hasek fut élu au sein de la première équipe d'étoiles et Martin sur la seconde.

Lors de la première ronde des éliminatoires, les Devils firent face au Canadien de Montréal. Un duel se préparait entre les entraîneurs Jacques Lemaire et Mario Tremblay, deux ex-coéquipiers chez le Tricolore. Pour Martin, il s'agissait d'une première. « C'était très excitant de devoir affronter le Canadien durant les éliminatoires, d'avoir l'occasion de pouvoir jouer "chez nous", à Montréal, devant la famille et les amis », dit-il.

Ce trophée, le William M. Jennings, qu'il remportait pour la première fois en 1997, Martin en était particulièrement fier. « C'est une récompense pour l'équipe, qui démontre bien les qualités défensives des Devils. » Martin avait terminé au deuxième rang pour l'obtention de ce trophée en 1994 et en 1996.

Le Canadien, c'est l'équipe de mon enfance. Je les ai vus jouer, je les ai vus gagner et, grâce à mon père, j'ai pu voir de près plusieurs des grands joueurs de l'équipe. Ça représente toujours quelque chose de spécial pour moi de jouer contre eux, de surcroît quand c'est à Montréal, parce que j'ai beaucoup d'amis et des parents qui assistent aux matchs, et que je veux bien faire.

Martin, photographié par son père, en action contre le Tricolore.

Jacques Caron : « Martin est un élève modèle. »

Après avoir joué 18 ans dans le hockey professionnel, disputé 72 parties en saison régulière dans la Ligue nationale avec les Kings de Los Angeles, les Blues de Saint-Louis et les Canucks de Vancouver, Jacques Caron s'est tourné vers l'enseignement. Depuis 9 ans, après avoir travaillé durant 12 ans dans l'organisation des Whalers de Hartford, il est l'entraîneur des gardiens de but des Devils du New Jersey.

Lorsque Martin Brodeur est arrivé chez les Devils, c'est lui qui l'a pris sous son aile. « La première chose que j'ai remarquée chez Martin, c'est qu'il s'amusait en jouant au hockey, autant lors des parties que dans les entraînements. Ce n'était pas une corvée pour lui. Il avait aussi la grande qualité d'anticiper les jeux et de bien contrôler la rondelle, et ça, ça s'enseigne difficilement. Martin est aussi un homme de nature optimiste qui cherche constamment à s'améliorer, qui est rarement satisfait de son jeu. C'est un charme que d'être son *coach*, il est sans aucun doute le meilleur élève que j'ai eu depuis que j'exerce ce métier. »

Jacques Caron a vu jouer de nombreux gardiens de but, a enseigné à plusieurs d'entre eux, et il est certes en mesure d'établir des comparaisons entre Martin et d'autres gardiens. « Il me fait penser à trois grands gardiens : Glenn Hall, surtout par son style papillon et son habileté à se relever rapidement d'un côté ou de l'autre ; Terry Sawchuk, avec qui j'ai déjà joué ; et enfin, Jacques Plante, par le maniement de la rondelle, bien que Martin soit encore meilleur, car il peut lancer plus fort et il a développé des jeux surprenants, ce qui fait que ses gestes ne sont pas télégraphiés », confie-t-il.

L'entraîneur, natif de Rouyn-Noranda, avoue avoir la vie facile avec Martin, toujours à l'écoute. On sent que Caron respecte autant l'homme que le gardien de but. « Il est sans aucun doute le joueur le plus populaire au New Jersey. Quand on voyage, on constate à quel point il est populaire, et il s'acquitte bien de son rôle de professionnel ; il est disponible pour les *fans* et généreux envers eux, envers les jeunes. »

Avec Martin, Caron a développé des habitudes de travail qui contribuent certainement au succès du gardien. « Tous les soirs, avant un match, on regarde une vidéo de la partie précédente, un montage où on lui montre des choses positives. À chaque match, il saute sur la glace avec la certitude qu'il est capable de gagner toutes les parties auxquelles il participe. Et quand Martin connaît une mauvaise rencontre, il a aussi la grande qualité de ne pas être hanté par cette contre-performance. J'en ai vu beaucoup qui pensaient trop à ce qu'ils avaient fait sur la glace, et qui se mettaient inutilement de la pression. Martin, lui, tourne la page facilement et pense aussitôt au match suivant. Il a confiance en lui. Le plus important à ses yeux est de gagner les matchs. Et des matchs, il n'a pas fini d'en remporter ! »

C'est toutefois au New Jersey que la série s'ébranle, et ce premier match demeure mémorable pour le gardien de but. Les Devils mènent la rencontre 4-2 lorsque Mario Tremblay tente le tout pour le tout et retire le gardien de but Jocelyn Thibault à la faveur d'un sixième attaquant. La rondelle est projetée dans la zone des Devils et Brodeur s'empare du disque derrière son filet. Il regarde devant lui, trouve une ouverture, et décide de lancer. « J'ai lancé le plus fort que j'ai pu. Je l'ai perdu de vue un moment, je l'ai revu dans les 15 derniers pieds environ de sa course. Quand j'ai vu John MacLean lever les bras, je me suis dit que ça y était. Je capotais, je n'oublierai jamais

Sous les yeux de son frère Denis, qui assiste au match assis à l'arrière du filet de Martin, le gardien de but s'empare de la rondelle et lance avec puissance en direction du filet désert du Canadien. Les spectateurs se mettent à hurler, c'est la folie au domicile des Devils !

> Je me suis toujours exercé à lancer la rondelle de différentes façons, que ce soit pour effectuer une passe à un coéquipier ou pour marquer un but contre l'adversaire. Ce jour-là, quand j'ai accompli l'exploit, j'ai réalisé que je ne m'étais pas entraîné en vain.

ce moment », confie aux journalistes après le match celui qui fut choisi la première étoile de la rencontre grâce à son but et à son excellente tenue devant le filet.

Ce but marqué à 19 min 15 de la troisième période, le premier en carrière de Martin, sème l'hystérie chez les partisans des Devils. Tous les coéquipiers entourent Martin, qui bondit de joie. À Saint-Léonard, dans le sous-sol de la résidence, le père et la mère de Martin, qui regardent le match à la télévision, se lèvent d'un bond et se mettent à danser ! « Martin a tenté à quelques

> « Le défi, à chaque match, est toujours d'arriver à neutraliser les efforts des meilleurs joueurs de l'équipe adverse. J'ai affronté Wayne Gretzky durant plusieurs saisons, et je dois avouer qu'il était un as pour contrôler la rondelle autour du filet : il fallait être très prudent avec lui. »

reprises de marquer durant la saison et il est venu bien près de réussir. Avec une avance de deux buts, il lui arrive assez souvent de tenter ce genre de jeu, et cette fois, il nous a fait vivre un grand moment en réussissant à marquer », de confier Denis Brodeur. Martin devenait ainsi le second gardien de but à marquer durant les séries éliminatoires de la LNH, le premier exploit du genre ayant été réussi par Ron Hextall, des Flyers de Philadelphie, le 11 avril 1989. Les Devils éliminèrent finalement le Canadien en cinq matchs pour accéder à la ronde suivante, face aux Rangers de New York. Jacques Lemaire déclara alors à la presse : « Martin Brodeur peut nous sauver en tout temps. Il fait partie de la crème de la LNH. Lorsqu'on dirige un gardien comme lui, on espère lui accorder un congé seulement au mois de juillet, à la fin des séries... » Toutefois, la confrontation ne tourne pas en faveur des Devils, éliminés en cinq parties par les Rangers de New York, qui comptent dans leurs rangs Wayne Gretzky et Mark Messier. Martin termine les séries avec une moyenne de 1,73 en 10 rencontres, la meilleure des éliminatoires de 1997. Ce sont les Red Wings de Detroit qui remporteront leur première Coupe Stanley depuis 1955 en éliminant les Flyers en quatre matchs.

La saison suivante, celle de 1997-1998, Martin dispute 70 parties et remporte 43 victoires, un sommet dans la LNH et en carrière pour le gardien de but. Une

marque que même son idole d'enfance, Patrick Roy, n'a jamais réussi à atteindre. Brodeur conserve une moyenne de buts accordés de 1,89 et réussit 10 jeux blancs, mais encore une fois, c'est Dominik Hasek qui remporte le trophée Vézina alors que le numéro 30 des Devils termine deuxième au scrutin. Brodeur est de nouveau élu sur la seconde équipe d'étoiles de la Ligue et remporte, seul cette fois, le trophée William M. Jennings. Les Devils terminent la saison avec 107 points, au sommet de la division Atlantique. Cependant, ils failliront encore à la tâche au cours des éliminatoires, se faisant éliminer en six matchs lors de la première ronde par les Sénateurs d'Ottawa.

Martin a participé à plusieurs matchs des étoiles depuis ses débuts dans la Ligue. Pour lui, cet événement est un véritable happening, et c'est l'occasion de discuter et de fraterniser avec les autres joueurs vedettes du circuit.

1.

UN HABITUÉ D ÉTO

1. En 2000, à Toronto, Martin participe à son cinquième match des étoiles.

2. Du style et une technique exemplaire pour plusieurs jeunes qui voudraient bien suivre les traces du numéro 30 des Devils.

3. « Quand je dis que je prends plaisir à jouer au hockey, ce sentiment est à son maximum lors des matchs des étoiles. Même si tout est axé sur l'attaque et que les gardiens de but en voient de toutes les couleurs au cours des parties, c'est vraiment, chaque fois, une belle expérience. »

4. Les membres de l'équipe d'étoiles nord-américaine, une formation dirigée par Pat Quinn.

2.

3.

Le jeune gardien est devenu une star

MATCHS DES ILES

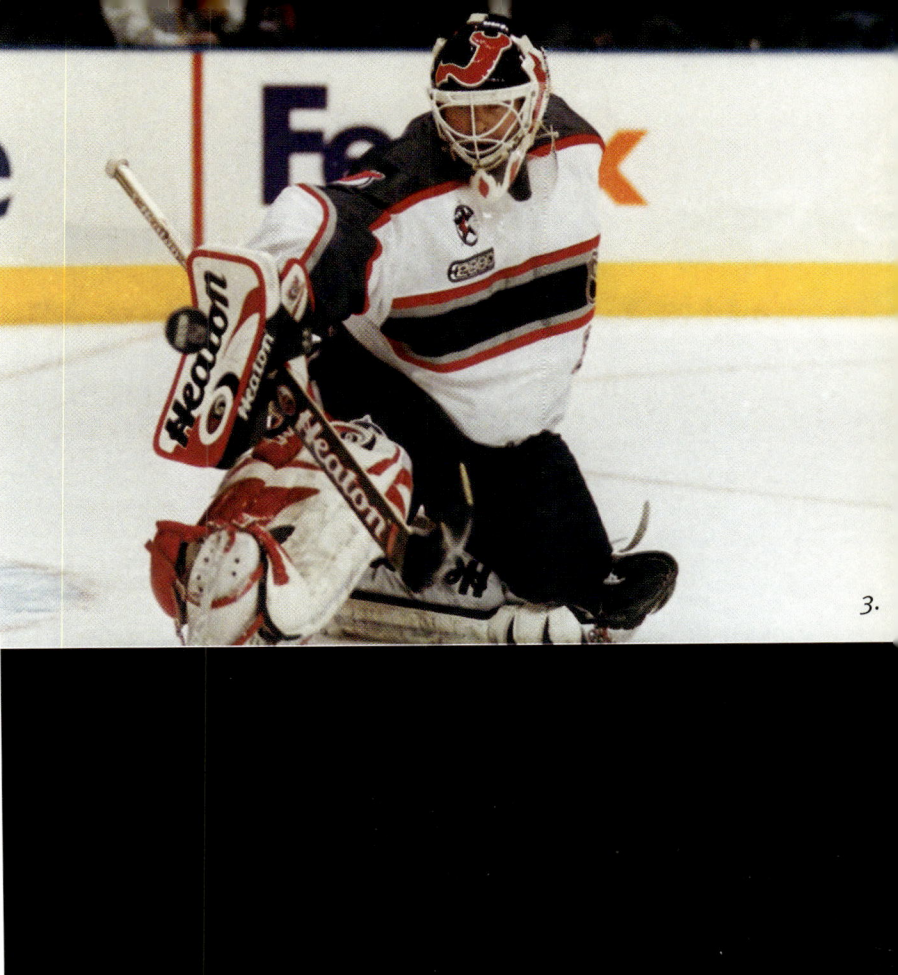

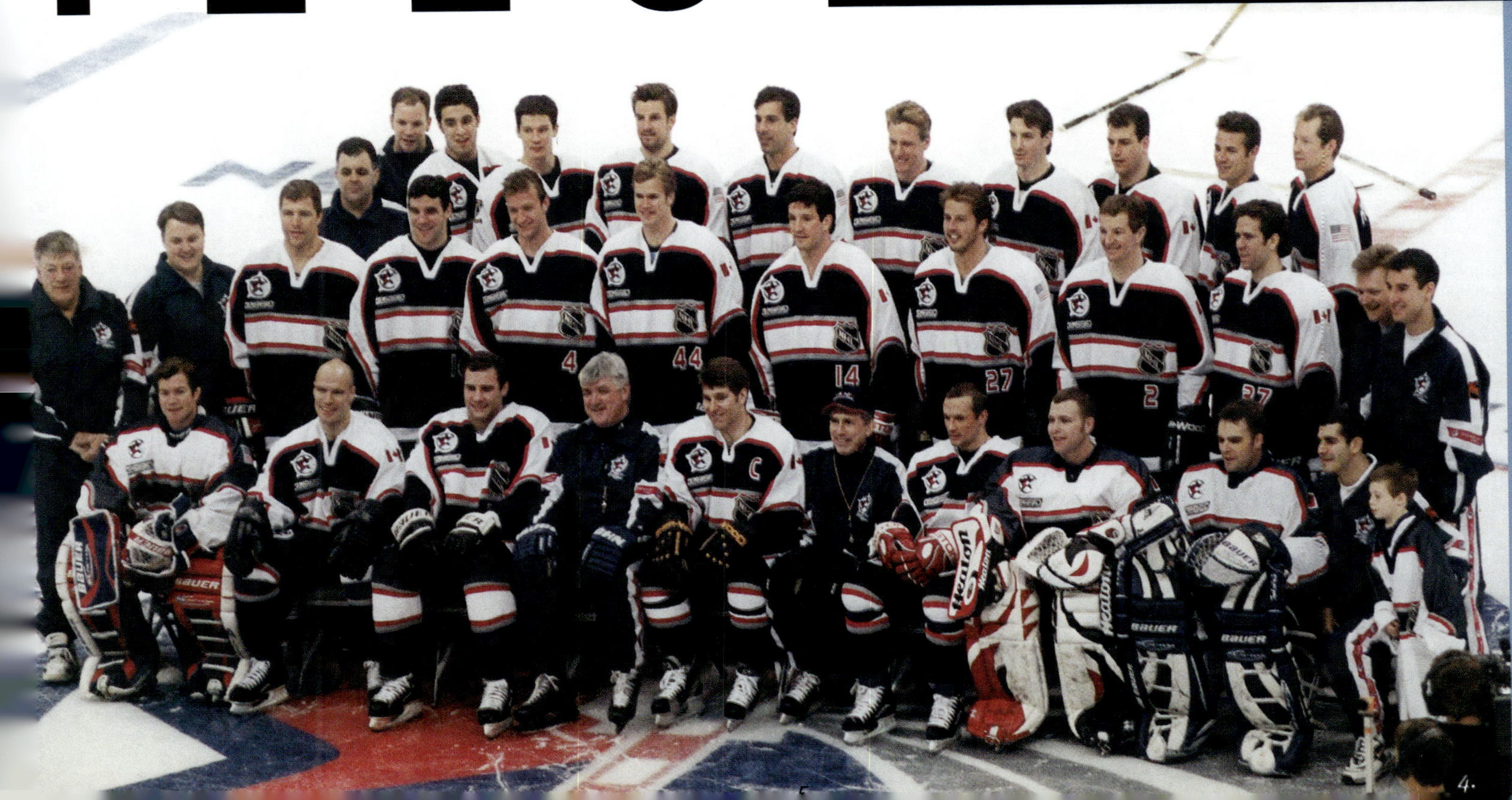

4.

Déception à Nagano

En 1998, pour la première fois de son histoire, la LNH interrompt provisoirement la saison régulière afin de permettre aux joueurs professionnels de prendre part aux Jeux olympiques de Nagano. L'équipe est dirigée par Marc Crawford, l'entraîneur de l'Avalanche du Colorado. Les trois gardiens sélectionnés sont Patrick Roy, Martin Brodeur et Curtis Joseph. L'équipe compte entre autres sur les services de Wayne Gretzky, Joe Sakic, Eric Lindros, Steve Yzerman, Raymond Bourque, Trevor Linden, Mark Recchi et Adam Foote.

Martin Brodeur se prépare pour cette grande aventure, lui qui connaît beaucoup de succès depuis le début de la saison. Son père, ses frères Claude et Denis, ses sœurs Sylvie et Line font le voyage. Tout le monde part pour Nagano confiant de rapporter la médaille d'or au pays et de voir le gardien de but contribuer de façon significative aux succès de l'équipe. Denis, lui, rêve de voir Martin une médaille olympique au cou, comme cela lui est lui-même arrivé en 1956, alors qu'il avait participé aux Jeux olympiques de Cortina d'Ampezzo, en Italie, avec l'équipe de hockey canadienne, revenant au pays avec une médaille de bronze. Cependant, l'aventure olympique ne se déroule pas comme il était prévu pour Martin.

« C'est dans l'avion, peu après le départ, que j'ai appris que je ne garderais pas les buts, pour aucun match. On m'a fait venir au deuxième étage de l'avion, dans un coin privé, et Marc m'a annoncé que Patrick ne voulait pas avoir à compétitionner avec moi ou Curtis Joseph pour le poste de gardien.

Il voulait que ce soit clair pour tous qu'il était le numéro un et qu'il allait disputer toutes les rencontres. Ça a été décevant. J'ai digéré la nouvelle tout au long du voyage et je me suis dit que j'allais tout de même tenter de profiter pleinement de l'expérience et encourager mes coéquipiers. Je pense que ma façon de réagir m'a peut-être aidé pour les Jeux de Salt Lake City, parce que je partageais ma chambre avec Wayne Gretzky. »

L'anecdote vaut la peine d'être relatée. À l'arrivée à Nagano, les organisateurs procèdent à la distribution des clés des chambres d'hôtel. Il reste deux chambres simples et une chambre double. « Wayne me dit : "Étant donné que tu es déçappointé, prends la chambre seule, je vais partager la chambre double avec Brind'Amour." Je l'ai regardé, pensant qu'il faisait un gag, mais il était

L'équipe de hockey du Canada, partie à Nagano avec la ferme intention de rapporter l'or au pays pour la première fois depuis 1952, venait donc d'échouer dans sa tentative. La République tchèque remporta l'or, la Russie l'argent, et la Finlande le bronze. Le prochain rendez-vous allait avoir lieu en 2002, à Salt Lake City, et Martin Brodeur comptait bien, cette fois, obtenir au moins la chance de jouer…

sérieux! Je lui ai dit que ça n'avait pas de sens et finalement, nous avons partagé la chambre lui et moi», raconte Martin. Hors glace, Gretzky et Martin étaient souvent ensemble. «Aussitôt que Wayne mettait les pieds dehors, il se faisait assaillir par les journalistes, alors il préférait que je sois souvent avec lui. Je suis même allé chercher un Big Mac pour lui, parce que ça lui aurait été impossible étant donné sa popularité, raconte en riant Martin. Ça a été une bonne expérience. Mélanie était avec sa femme à l'hôtel et moi, j'ai eu l'occasion de mieux connaître Wayne, qui est vraiment un homme simple et sympathique.»

Le Canada revint bredouille de l'aventure olympique. En demi-finale, l'équipe canadienne s'inclina 2-1 face à l'équipe tchèque, une défaite encaissée en prolongation, lors des tirs de barrage. Dominik Hasek repoussa les cinq tirs auxquels il fut confronté, alors que Robert Reichel trompa la vigilance de Patrick Roy et procura la victoire aux siens. Wayne Gretzky, pourtant le meilleur marqueur de l'histoire de la Ligue nationale de hockey, fut ignoré par Crawford lorsque vint le temps de choisir les cinq joueurs devant mettre Dominik Hasek à l'épreuve. Une décision étrange que plusieurs ne parviennent toujours pas à s'expliquer. «Wayne était sûrement déçu, mais il n'a jamais dit quoi que ce soit à ce sujet. Sans faire de vagues, il a agi en vrai gentleman.»

En 1998-1999, les Devils du New Jersey et l'idole des partisans de la région new-yorkaise, Martin Brodeur, connaissent une autre excellente saison. Seuls les Stars de Dallas amassent plus de points qu'eux — 114 comparativement à 105 — et le nouvel entraîneur de l'équipe, Robbie Ftorek, voit son équipe terminer au premier rang de la division Atlantique pour une troisième saison consécutive. Pour sa part, le gardien des Devils dispute 70 matchs et remporte 39 victoires, le meneur de la Ligue à ce chapitre. Martin inscrit sa 200e victoire dans la Ligue nationale le 14 avril 1999, contre Buffalo, et il termine la saison avec une moyenne de 2,29.

Malheureusement pour leurs partisans, les Devils ne font pas long feu lors des séries de fin de saison : les Devils se font éliminer en sept matchs par les Penguins de Pittsburgh lors de la série quart de finale. « Chaque fois qu'on participe aux éliminatoires, on croit avoir une chance d'aller jusqu'au bout, et avec la saison que nous avions connue, tous les espoirs étaient permis. Peut-être qu'il serait préférable de ne pas terminer en première position de notre division. Ça ne semble pas nous porter chance », de déclarer alors Martin avec ironie.

« Il n'est jamais facile de perdre, d'être éliminés et de voir les autres formations continuer à jouer. Moi, j'aime jouer, j'aime le niveau de compétition lors des éliminatoires et je trouve décevant de n'avoir disputé qu'un peu plus de 20 rencontres dans les séries de la Coupe Stanley au cours des trois dernières années », affirme le gardien après l'élimination des siens au printemps 1999.

La saison suivante, Robbie Ftorek est toujours l'entraîneur des Devils, mais le 23 mars 2000, c'est son assistant, l'ex-défenseur étoile du Canadien de

Un gardien de but à part des autres

Martin Brodeur a mis au point un style original et personnel, un style qui est aussi un des plus efficaces jamais pratiqués par un gardien de but. Ses déplacements latéraux sont aussi fluides et précis que ceux du grand Jacques Plante. Sa façon de harponner la rondelle dérange les attaquants de l'équipe adverse à la manière du bon vieux Johnny Bower. Ses habiletés naturelles lui permettent de voler des buts apparemment certains avec un éclat qui égale les exploits des Hasek, Roy, Richter ou Joseph.

Sur le plan purement physique, trois aspects du jeu de Martin font qu'il se classe parmi les meilleurs gardiens de la LNH. Premièrement, sa mitaine, rapide comme l'éclair, lui permet d'intercepter les « boulets de caoutchouc » tirés à 150 km/h avant qu'ils n'atteignent leur cible, et ensuite, grâce à la sûreté et à la précision de ses gestes, de déposer rapidement la rondelle à plat sur la glace afin de pouvoir utiliser le second aspect de son exceptionnel talent : son habileté à faire des passes précises ou à lancer la rondelle en lieu sûr, ce qui lui permet de contrôler la circulation et la direction du jeu. Enfin, sa troisième force, qu'on oublie trop souvent tant les habiletés de Martin sont nombreuses, c'est sa superbe maîtrise du demi-papillon (le demi-papillon se distingue du papillon complet en ceci qu'un seul genou touche la glace plutôt que les deux). Grâce à cette technique, Martin peut se défendre de façon efficace contre les nombreux lancers bas et les feintes, et se replacer rapidement sur ses pieds pour faire le prochain arrêt. Personne n'exécute ce mouvement mieux que lui.

Glenn Resch a joué 14 saisons dans la LNH, entre autres avec les Devils du New Jersey.

Cependant, ce qui fait de Martin un gardien à part, ce sont les dispositions particulières de son caractère. Il possède un ensemble peu commun de qualités qui le rendent tout à la fois cordial, accessible, détendu, charmant et amusant, du moins tant qu'il n'est pas engagé dans la compétition. Toutefois, quand la partie commence, Martin change rapidement de personnalité pour révéler son « côté sportif », le Martin compétitif, concentré, déterminé, passionné, affichant un air d'invincibilité et un calme qui rassurent ses coéquipiers, et déstabilisent ses adversaires.

J'ai fait partie de l'univers de la LNH durant plus de 30 ans, et je crois qu'il existe quelques joueurs qui se situent dans une classe à part. Des joueurs comme Wayne Gretzky, comme Bobby Orr, des joueurs qui dès le premier jour ont joué à leur plus haut niveau, qui ont aimé leur sport et qui ont eu à cœur de le faire aimer, des joueurs qui se sont toujours montrés respectueux et courtois envers tous ceux qu'ils rencontraient. Martin fait partie de ce groupe.

Sur le plan individuel, Martin traverse actuellement les meilleures années de sa carrière. Il ne faut pas oublier que de nos jours les gardiens atteignent le sommet de leur art vers la fin de la trentaine. Martin pourrait donc encore présenter des statistiques qui surpasseraient toutes les autres. À mon avis, ses meilleures saisons de hockey restent encore à venir. Il n'a jamais été aussi fort physiquement ; mentalement, il sait quelle énergie et quelle détermination sont nécessaires pour gagner. Un dernier facteur ajoute à l'influence de Martin sur le jeu : pour partager ses objectifs et ses succès, il est allé chercher l'appui et la participation de tous les siens, et en premier lieu, de sa femme Mélanie et de leurs enfants. Pour Martin, l'équipe est une notion qui va bien au-delà du vestiaire...

Glenn « Chico » Resch, commentateur des matchs des Devils à la télévision

Montréal, Larry Robinson, qui lui succède. Au début de la saison, les Devils obtiennent du Colorado les services de Claude Lemieux en retour de Brian Rolston. Lemieux, le leader de l'équipe lors de la conquête de la Coupe Stanley en 1995, marque 17 buts en 70 matchs pour l'équipe dont il a porté l'uniforme pendant cinq saisons.

Les Devils terminent la campagne 1999-2000 au deuxième rang de leur division et Martin Brodeur se montre encore une fois très solide devant le filet. Pour la seconde fois de sa carrière, il remporte 43 matchs — le seul à mériter autant de victoires dans la LNH, et ce, pour une troisième saison consécutive — et affiche une moyenne de 2,24. « Ça avait été une belle saison, ça roulait bien pour nous, et l'arrivée de Larry a fait en sorte que l'esprit d'équipe était meilleur. Tout le monde a mis l'épaule à la roue. »

Malgré une autre excellente campagne, l'histoire des dernières saisons allait-elle se répéter lors des éliminatoires ? Les Devils entreprennent les séries de fin de saison avec fougue et détermination, éliminant les Panthers de la Floride en quatre matchs. Brodeur n'accorde que trois buts au cours des trois dernières rencontres et repousse 35 lancers lors du dernier match pour permettre aux siens d'accéder à la ronde suivante. Lors du premier match de la demi-finale de la conférence de l'Est, Toronto bat New Jersey par la marque de 2-1. L'équipe de Robinson rebondit lors du deuxième match, disposant des Leafs 1-0. Les Devils l'emportent finalement en six matchs contre les Maple Leafs, et Brodeur inscrit un second blanchissage par la marque de 3-0, lors de la sixième rencontre, alors que Toronto ne dirige que 6 tirs sur lui ! Le plus petit nombre de lancers en saison régulière ou en séries éliminatoires depuis 1967.

Une défaite crève-cœur

Après avoir remporté la coupe Stanley au printemps 2000, Martin Brodeur et les Devils continuèrent sur leur lancée au cours de la saison 2000-2001. L'équipe termina au sommet de la division Atlantique après avoir accumulé 48 victoires et 111 points au classement, soit la meilleure saison de leur histoire. Pour la première fois, un marqueur des Devils, Patrick Elias (40 buts et 56 passes) se classait parmi les premiers marqueurs de la Ligue, derrière Jaromir Jagr et Joe Sakic. Martin Brodeur signa pour sa part 42 victoires — un sommet dans la Ligue —, ce qui lui permit d'égaler un record détenu par Terry Sawchuk et Jacques Plante, les seuls gardiens à avoir connu trois saisons de 40 victoires et plus. Le gardien des Devils termina la saison avec une moyenne de 2,32 en plus d'inscrire neuf jeux blancs.

Lors des séries éliminatoires, New Jersey élimina les Hurricanes de la Caroline en six matchs, puis les Maple Leafs de Toronto en sept rencontres, pour ensuite affronter les Penguins de Pittsburgh en finale de conférence. Malgré la présence des Jagr, Kovalev, Straka et, bien sûr, Mario Lemieux, les Devils l'emportèrent en cinq parties pour accéder à la finale de la Coupe Stanley contre l'Avalanche du Colorado. Le duel allait être fort intéressant entre Martin Brodeur et Patrick Roy. « Colorado, les champions de la saison régulière, représentait tout un défi pour nous, et le fait de faire face à Patrick était très stimulant pour moi, car nous connaissions de bonnes séries, lui et moi », dit Martin. « On aura droit ici à un duel entre deux gardiens de but qui sont à leur meilleur », avait prédit l'entraîneur des Devils, Larry Robinson.

Depuis le début des séries, Brodeur avait réussi quatre jeux blancs, et Roy deux. Ce fut une série chaudement disputée, qui atteignit la limite des sept matchs. Patrick Roy réussit deux jeux blancs durant cette finale, et son équipe, inspirée par le défenseur Raymond Bourque, qui avait enfin la chance de gagner la Coupe Stanley après avoir joué pendant 22 saisons dans la LNH, l'emporta par la marque de 3-1 lors de la septième rencontre. Roy, grâce à une moyenne de buts accordés de 1,70 en 23 matchs éliminatoires et à sa tenue impeccable devant le filet de l'Avalanche, remporta le trophée Conn Smythe. Quant à Brodeur (2,07 en 25 matchs), il vécut pour la première fois la cruelle déception de perdre un septième match en finale. « Je suis tout de même fier de mes hommes, ils ont fait preuve de beaucoup de discipline », devait dire Robinson après le dernier match.

En 1995 et en 2000, peu d'experts avaient prédit que nous allions remporter la Coupe Stanley. Le rôle de négligés, ça me convient. C'est inspirant, ça nous enlève de la pression et, au fond, chacun savait dans l'équipe qu'il nous suffisait de bien suivre nos plans de matchs pour réussir.

À gauche : un clin d'œil adressé directement à papa et à son objectif, à la fin d'un match.

L'habileté de Martin à contrôler la rondelle aux abords de son filet est bien démontrée sur ces photographies. Un gardien de but qui, pour son équipe, devient en quelque sorte un troisième défenseur.

En finale de conférence, les Devils se frottent aux Flyers de Philadelphie et à l'ailier droit Mark Recchi, qui vient de connaître sa meilleure saison depuis 1994, avec 28 buts et 63 passes, ce qui le place au troisième rang des meilleurs marqueurs de la Ligue derrière Jaromir Jagr et Pavel Bure. « Ce fut une série difficile, très physique, et les attaquants des Flyers ont dirigé beaucoup de lancers dans ma direction », dit Martin. Et comment ! Le premier match se termine 4-1 pour les Devils et Brodeur repousse 35 des 36 tirs adverses, mais les Flyers remportent les trois matchs suivants, 4-3, 4-2 et 3-1. Après la quatrième rencontre, Larry Robinson manifeste sa colère auprès de ses joueurs qui, lors du cinquième match, jouent mieux défensivement et viennent à bout du gardien Brian Boucher pour triompher des Flyers 4-1. Les Devils remportent le match suivant 3-2 et un septième match est disputé le 26 mai. Au cours de cette rencontre, remportée par les Devils par la marque de 2-1, le défenseur Scott Stevens sert toute une mise en échec à Éric Lindros en première période, qui met le capitaine des Flyers K.-O. pour une quatrième fois depuis le début de la saison. Les Devils, en l'emportant, venaient d'effectuer l'une des plus belles remontées de la LNH après avoir tiré de l'arrière 3-1 dans la série. Cette victoire leur permettait d'accéder à la finale de la Coupe Stanley contre les champions de l'année précédente, les Stars de Dallas.

« On ne donnait pas cher de notre peau. Les Stars étaient favoris pour remporter une deuxième Coupe Stanley de suite », raconte Martin. Les Devils causent une surprise à l'occasion de la première rencontre : ils l'emportent 7-3 et ébranlent le gardien Ed Belfour. Au deuxième match, Brett Hull marque deux fois et les Stars l'emportent 2-1. Les Devils remportent les deux matchs suivants, 2-1 et 3-1, et lors de la cinquième rencontre, on assiste à un véritable marathon. « Nous avions la chance de remporter la Coupe Stanley chez

nous, devant nos partisans, et nous l'avons ratée. Ce fut un match très long », confia le gardien des Devils. Aucune équipe n'avait réussi à s'inscrire au pointage après les trois périodes réglementaires. Le gardien des Devils avait fait face à 48 tirs, alors que son vis-à-vis, Ed Belfour, en avait repoussé 41.

Finalement, c'est à 6 min 21 de la troisième période de prolongation que Mike Modano réussit à faire dévier un tir de Brett Hull derrière Martin Brodeur. « J'ai vu Hull qui tentait simplement de lancer la rondelle en ma direction, mais Modano s'amenait à bonne vitesse au centre et il a touché à la rondelle, qui s'est faufilée entre mes jambières », déclare Brodeur après le match. « Ils sont toujours vivants et nous devrons nous regrouper pour tenter d'en finir avec eux lors du prochain match. »

La sixième rencontre entre les deux équipes est tout aussi chaudement disputée. Après s'être échangé des buts en deuxième période, les deux formations sont de nouveau à égalité, 1-1, lorsque la sirène annonce la fin de la troisième période. C'est le joueur de centre Jason Arnott, en marquant à 8 min 20 de la deuxième prolongation, qui procure une deuxième Coupe Stanley aux Devils.

« Tu savoures encore plus la conquête de la Coupe Stanley lorsque c'est ta deuxième. Tu prends plus le temps d'apprécier les choses, j'étais plus vieux que je ne l'étais en 1995 », affirme Brodeur, qui a conservé au cours des éliminatoires une moyenne de 1,61 en 23 matchs, la meilleure des séries. « En 1995, certaines personnes avaient contesté notre victoire, alléguant que nous avions disputé seulement 48 matchs au cours de la saison, et seulement 20 dans les séries, en raison du conflit. Cette fois,

« Avec l'expérience et cinq ans de plus, j'ai été en mesure d'apprécier pleinement cette seconde Coupe Stanley, d'autant plus que la finale n'a pas été de tout repos. »

« Tous les joueurs ont contribué et Martin Brodeur a haussé son jeu d'un cran pour nous permettre de nous rendre jusqu'au bout », confie Larry Robinson, qui remportait sa deuxième Coupe Stanley à titre d'entraîneur.

nous avons prouvé à tout le monde que nous sommes les meilleurs », raconta le gardien après la victoire des siens. Les joueurs, exténués après avoir disputé près de 10 périodes de hockey en 2 jours, célébrèrent dans le calme. Ils participèrent à une grande fête en plein air avec leurs partisans, et une dizaine d'entre eux, dont Martin, furent reçus au talk-show de David Letterman avec la coupe Stanley. Les joueurs firent même une apparition remarquée dans Times Square avec le précieux trophée.

Quelques joueurs des Devils posent avec la coupe Stanley, dans le studio de l'animateur David Letterman.

Cette dernière Coupe Stanley, les joueurs des Devils en sont très fiers. À New York, on les acclame; on ne manque pas de célébrer les nouveaux champions de la région, alors que les Rangers et les Islanders n'avaient même pas participé aux séries éliminatoires.

Le chanteur Jon Bon Jovi, originaire du New Jersey, s'est joint aux Devils à New York lors des festivités.

À la suite de cette deuxième conquête de la Coupe Stanley, les joueurs des Devils ont envahi le territoire des Rangers de New York. On a célébré en plein Times Square!

Le clan Brodeur, parents et amis, photographié dans la cour arrière de la maison, du haut de la résidence.

Encore une fois, comme il l'avait fait en 1995, Martin passa quelques jours au Québec avec la coupe Stanley. Une grande fête, qui attira près de 600 personnes, eut lieu au restaurant *Prima Luna*, où Martin signa quantité d'autographes. Ensuite, le clan Brodeur, c'est-à-dire plus de 120 personnes, se rassembla à la maison pour célébrer. Une fête se déroula également au Centre Martin-Brodeur de Saint-Liboire, où le gardien prit un bain de foule parmi partisans et amis. « Après avoir vécu des déceptions au cours des années précédentes en séries éliminatoires, cette victoire était vraiment très satisfaisante… et beaucoup plus épuisante que la première fois. »

En 1999-2000, nous avions obtenu 103 points au classement, ce qui fut notre moins bonne saison depuis 1996. Mais lorsqu'on parvient à participer aux séries éliminatoires, tout cela ne veut plus rien dire.

La famille Brodeur réunie : Sylvie, Denis, Martin, Claude, Mireille, Denis et Line.

Comme il l'avait fait en 1995, Martin a permis à plusieurs concitoyens de la région de Montréal de voir de près la coupe Stanley.

> Les enfants étaient en âge d'apprécier et de comprendre ce que représentait ce trophée, et c'était vraiment plaisant de voir leur joie, de partager ce bonheur avec ma petite famille.

Martin, son épouse et leurs trois enfants : Anthony, Jeremy et William

Dans un centre de divertissement, la famille s'amuse avec le trophée.

Comme ils l'avaient fait en 1995, les gamins devenus grands disputent un match de hockey dans la rue. Cette fois, c'est l'équipe de Martin qui remporte la coupe Stanley!

Une photographie bien spéciale : tous les joueurs des Devils posent avec leurs rejetons et la coupe Stanley.

Trois garçons mordus de hockey, certainement les plus grands fans du gardien étoile des Devils.

> C'est un peu apeurant de constater à quel point le temps file. Il n'y a pas si longtemps, il me semble, j'étais un kid, et voilà que je me retrouve sur la glace à jouer au hockey avec mes trois garçons !

[Je pense qu'il est tout à fait normal, lorsqu'on en a la possibilité, de faire du bien autour de soi. J'ai été gâté par la vie, j'aime bien donner l'occasion à d'autres de vivre de belles choses.]

UN JOUEUR
IMP

1. Martin en compagnie de ses deux frères et de son père, lors de la 8e Classique de golf Martin-Brodeur, au Club Deux-Montagnes, en juin 2002, organisée par Claude Brodeur. Les profits de ce tournoi sont versés chaque année à différentes œuvres.

2. Martin a fait le bonheur des joueurs des Devils de Saint-Léonard, catégorie atome, en posant avec eux.

3. Pierre Pichette, un gardien de but qui a participé aux Jeux paraolympiques de 2002, a été commandité par Martin.

4. Martin a aussi joué à la balle-molle, lors de la Tournée des Champions du Four, dont les profits sont versés à des œuvres de charité.

5. Le Centre Martin-Brodeur, situé à Saint-Liboire. Le tournoi de golf qui porte son nom, dirigé par Luc Caouette, a permis d'amasser de l'argent pour aider les jeunes de la région et aménager des installations sportives.

Toujours présent dans sa communauté

LIQUÉ

Ce n'est pas le genre de chose à laquelle tu t'attends, c'est vraiment un grand privilège. Quand je pense que c'est sur la glace de cet aréna qui porte mon nom que j'ai donné mes premiers coups de patins…

PLACE À MARTIN

1. À la suite de la deuxième conquête de la Coupe Stanley par Martin et les Devils, le maire de Saint-Léonard et son conseil de ville décident de modifier le nom de l'aréna en l'honneur du gardien de but.

2. Le clan Brodeur, lors de la cérémonie inaugurant l'aréna Martin-Brodeur, à l'été 2000.

3. À l'intérieur de l'aréna, Martin pose fièrement avec quelques outils de travail et des photographies.

Un honneur qui rejaillit sur la famille

L'ARÉNA BRODEUR

DE PÈRE EN FILS
DU BRONZE À L'OR

La saison une fois terminée, Martin Brodeur se mit à songer aux Jeux olympiques qui devaient avoir lieu à Salt Lake City en février 2002. Allait-il être choisi pour faire partie de l'équipe du Canada ? Si oui, allait-il jouer ou assister aux matchs du bout du banc, comme à Nagano en 1998 ? En novembre 2000, Wayne Gretzky fut nommé directeur de l'équipe par Bob Nicholson, le président de l'Association canadienne de hockey, avec Kevin Lowe comme adjoint au célèbre joueur. Pat Quinn fut désigné entraîneur-chef, et ses adjoints annoncés furent Jacques Martin, Wayne Fleming et Ken Hitchcock. Le 25 mars 2001, la direction dévoila les noms de huit joueurs assurés de faire partie de l'équipe, soit Mario Lemieux, nommé capitaine de l'équipe, Joe Sakic, Paul Kariya, Owen Nolan, Steve Yzerman, Chris Pronger, Scott Niedermayer et Rob Blake. Aucun gardien de but n'avait encore été sélectionné, Gretzky préférant attendre et ne voulant s'engager envers aucun gardien, même envers Patrick Roy, qui avait été le gardien numéro un de l'équipe aux Jeux de Nagano en 1998.

En 1956, Denis Brodeur, un gardien de but originaire de Montréal et âgé de 25 ans, membre de la première équipe d'étoiles de la Ligue senior de l'Ontario et proclamé meilleur gardien de but du circuit la saison précédente, fait partie de l'équipe canadienne aux Jeux olympiques de 1956. L'entraîneur, Bob Bauer, est un ancien joueur des Bruins de Boston, une équipe avec qui il a remporté la Coupe Stanley à deux reprises.

> J'ai toujours été très fier de ma médaille de bronze remportée en 1956 aux Jeux olympiques, à défaut d'avoir réussi à atteindre la Ligue nationale, mon rêve de jeunesse.

Le gardien Denis Brodeur réussit à arrêter la rondelle alors qu'un joueur de l'équipe tchécoslovaque tente de poursuivre l'attaque.

Le gardien de l'Avalanche, gagnant d'un troisième trophée Conn Smythe et d'une quatrième Coupe Stanley au printemps 2001, fut parmi les 37 joueurs invités au camp d'entraînement et d'évaluation de l'équipe, qui se tint du 4 au 7 septembre 2001 au Father David Bauer Arena (baptisé ainsi à la mémoire du révérend père qui avait été l'entraîneur de Denis Brodeur aux Jeux de 1956), à Calgary. Les autres gardiens invités étaient Martin Brodeur, Curtis Joseph et Ed Belfour.

« Après ce camp, nous sommes retournés dans nos clubs respectifs, et j'ai tenté d'oublier les Jeux pour me concentrer sur le travail que j'avais à faire avec les Devils, raconte Brodeur. Je savais que j'allais sans doute faire partie de l'équipe, mais est-ce que j'allais jouer ? Ça, c'était une autre histoire. » En décembre, Wayne Gretzky dévoila la liste officielle des joueurs d'Équipe Canada. Entre-temps, en octobre, Brodeur avait signé une nouvelle entente de cinq ans avec les Devils, d'une valeur de 40 millions de dollars, prolongeant ainsi son contrat avec l'équipe.

Avec Patrick Roy au sein de la formation olympique, il aurait été surprenant que Martin Brodeur ait été préféré au gardien ayant amassé le plus grand nombre de victoires dans toute l'histoire de la LNH. Mais voilà, comme dans un scénario digne d'Hollywood, les morceaux du casse-tête se mirent lentement en place pour favoriser Martin. Le 21 novembre, Patrick Roy étonnait le monde du hockey et le public en annonçant qu'il ne participerait pas aux Jeux olympiques. « Je préfère me reposer et aller voir jouer mon fils Jonathan au tournoi pee-wee de Québec. Je ne suis pas inquiet pour l'équipe, car elle peut compter sur d'autres gardiens de but talentueux », confia alors le gardien de l'Avalanche.

Sans qu'il n'y ait eu de déclaration officielle, Brodeur, Joseph et Belfour étaient confiants de faire partie de l'équipe. Les noms de Sean Burke, de Roberto Luongo et de José Théodore furent avancés dans les médias comme des candidats possibles pour joindre les rangs de la formation.

Denis Brodeur, médaillé olympique

Bien avant de s'illustrer au Canada et aux États-Unis à titre de photographe sportif, Denis Brodeur était animé d'une passion : le hockey. Il en rêvait, il en mangeait, et il espérait en secret atteindre un jour la Ligue nationale de hockey et, pourquoi pas, jouer pour le Canadien de Montréal.

Denis Brodeur a fait ses débuts chez les juniors à Victoriaville en 1949, joignant une équipe qui comptait dans ses rangs un grand joueur de centre du nom de Jean Béliveau. Considéré comme un bon gardien de but, il joua pour différentes équipes dans les rangs seniors, notamment les Loups de Rivière-du-Loup, où il fit la rencontre de Mireille Bérubé, qui allait devenir son épouse et la mère de ses enfants.

L'aventure olympique de la famille Brodeur a débuté en 1955, alors que Denis jouait pour les Dutchmen de Kitchener-Waterloo de la Ligue de hockey senior de l'Ontario. La formation était dirigée par Bobby Bauer, ancien joueur des Bruins de Boston durant neuf ans et membre de la fameuse ligne d'attaque composée de Milt Schmidt et de Woody Dumart.

Les Dutchmen remportèrent la coupe Allan, emblème de la suprématie du hockey senior au Canada, et furent du même coup choisis pour représenter le pays aux Jeux olympiques de 1956, à Cortina d'Ampezzo, en Italie. L'équipe de Brodeur était favorite pour répéter l'exploit, même si elle dut se départir de cinq joueurs, du fait que ceux-ci avaient déjà joué dans les rangs professionnels, et les remplacer par des joueurs amateurs afin de se conformer aux règlements olympiques. Les Dutchmen de Kitchener-Waterloo disputèrent deux parties d'exhibition en Europe avant de se rendre en Italie, où les Jeux avaient lieu du 26 janvier au 4 février 1956. L'équipe du Canada accéda facilement à la ronde des médailles, puis fit face en finale à l'équipe de la Russie. « Nous avions subi seulement une défaite, contre les États-Unis, mais en raison du système de buts comptés qui était préconisé, les Russes avaient l'avantage de deux buts et nous devions les battre par trois buts pour remporter la médaille d'or. J'avais joué quatre matchs, mais pour la partie finale contre les Russes, l'entraîneur décida de faire confiance au gardien de but Keith Woodall, ce qui fut évidemment une grande déception pour moi. Même si l'équipe russe ne lança au filet que 9 fois comparativement aux 23 tirs de notre équipe, elle remporta le match au compte de 2-0 et, du même coup, la médaille d'or. Compte tenu de la seule défaite des États-Unis et des deux de notre équipe, les Américains s'approprièrent la médaille d'argent et nous, la médaille de bronze », confie Denis Brodeur.

L'équipe canadienne ne célébra guère l'obtention de cette médaille de bronze. « Nous pleurions comme des enfants dans la chambre des joueurs après le match. Ce fut toutefois une expérience extraordinaire et nous avons tous réalisé avec le temps que malgré notre chagrin et les attentes, nous étions tout de même des médaillés olympiques. Ma médaille de bronze et mon chandail ont toujours eu une place de choix à la maison », ajoute l'ex-gardien de but.

À la fin de novembre 2001, un texte publié dans le *New York Post* fit beaucoup de vagues. Selon le journaliste, une source anonyme dans les hautes sphères de l'équipe olympique canadienne aurait confié que Martin Brodeur avait peu de chances de faire l'équipe. « On y disait que le fait que j'étais capable de bien jouer avec la rondelle autour du filet n'était pas important. On mettait l'accent sur le fait que je jouais bien avec la rondelle, mais que je n'étais pas capable de les arrêter… », s'étonna Martin.

Wayne Gretzky qualifia ce texte de tissu de mensonges et s'empressa de rassurer Martin. « Wayne était dans tous ses états, il m'a appelé à 22 h 30 à Pittsburgh, la veille d'une partie, pour me rassurer. "Ne t'inquiète pas, je ne sais pas d'où sort cette information. Je ne peux pas te dire que tu as fait l'équipe, mais ne te fie pas à ce que tu lis dans les journaux. Fais ce que tu as à faire, continue de t'amuser et tout va bien aller", m'a-t-il dit. Ça m'a rassuré et j'ai trouvé ça vraiment correct qu'il ait pris la peine de me joindre pour me parler. Il connaissait ma personnalité, il ne voulait pas que ça m'affecte. L'important pour moi était de faire partie de l'équipe, que je sois le numéro un, le numéro deux, ou le troisième gardien », confie Martin.

Le 15 décembre, Martin Brodeur apprenait qu'il était sélectionné pour faire partie de l'équipe olympique. Le soir même, il réussissait son premier jeu blanc de la campagne contre Ottawa, une victoire de 2-0 qui lui permettait du même coup d'atteindre le plateau des 300 victoires en carrière dans la LNH. Le gardien devenait le 18e joueur — et le plus jeune de l'histoire — à mériter 300 victoires, une performance réussie à son 547e match seulement. Seuls Jacques Plante (524) et Andy Moog (543) ont accompli l'exploit

En obtenant le poste de gardien de but numéro un de l'équipe, Martin Brodeur avait enfin l'occasion de faire taire ses dénigreurs et de prouver qu'il avait les qualités nécessaires pour mener son équipe à la victoire. Entre-temps, en octobre, Brodeur avait signé un nouveau contrat de cinq ans avec les Devils, lui permettant de devenir le deuxième gardien le mieux payé de la Ligue après Patrick Roy.

plus rapidement que lui. « Ça a été l'une des belles journées de ma carrière. J'étais enfin rassuré, je savais que je ferais partie de l'équipe », dit-il.

C'est deux mois plus tard, le 15 février, qu'eut lieu la première partie de hockey du tournoi olympique : le Canada rencontrait la Suède. Les trois gardiens étaient, dans l'ordre, Joseph, Brodeur et Belfour ; l'entraîneur Pat Quinn ayant annoncé aux journalistes, le matin du match, que Joseph, son gardien avec les Maple Leafs de Toronto, allait affronter la Suède.

> Le lendemain de notre victoire remportée contre la Finlande, j'ai assisté à la partie finale pour la médaille d'or chez les femmes. Ce fut un grand stimulant, l'équipe disputa un grand match et Kim Saint-Pierre fut excellente devant le filet.

«Ça nous a sans doute aidé, Curtis et moi, qu'ils n'aient jamais annoncé clairement qui serait le gardien numéro un du tournoi. Nous nous tenions prêts. J'espérais seulement obtenir ma chance, qu'on me fasse confiance pour au moins un match. Je ne voulais pas revivre ce qui s'était passé à Nagano en 1998. Wayne voulait sans doute étirer le suspense le plus longtemps possible, mais nous avions hâte de savoir. À ce moment-là, il était presque certain que le choix se ferait entre Curtis et moi. Finalement, on m'a indiqué que Cujo allait disputer la première rencontre contre Mats Sundin et ses coéquipiers suédois.»

À son premier match du tournoi, succédant à Curtis Joseph, Martin Brodeur aide le Canada à vaincre l'équipe allemande.

Catastrophe lors du premier match : le Canada se fait rosser 5-2 par la Suède. Mats Sundin marque deux fois et récolte une passe contre son coéquipier des Leafs, Joseph, qui se montre chancelant devant le filet. Brodeur est désigné pour affronter l'Allemagne deux jours plus tard. Un match qui se termine 3-2 en faveur du Canada.

« Quand j'ai affronté l'Allemagne, l'entraîneur m'avait dit que je ne jouerais seulement que ce match. Après la rencontre, Quinn, exaspéré par les questions des journalistes à ce sujet, laissa entendre qu'il pourrait bien faire appel

à Ed Belfour, mais Wayne m'avait confié que j'allais garder les buts lors des deux prochaines rencontres. C'était à moi de prouver que je méritais d'aller jusqu'au bout ; il fallait que je livre la marchandise. »

Le 18 février, l'équipe canadienne fait match nul contre la puissante formation de la République tchèque, gagnante en 1998 de la médaille d'or. Brodeur est devant le filet, Belfour est son adjoint et Joseph regarde le match assis dans les gradins. Martin effectue quelques arrêts spectaculaires, Mario Lemieux marque deux fois et Dominik Hasek repousse 33 tirs au cours de ce match. C'est après cette rencontre que Martin Brodeur fut confirmé dans son rôle de gardien numéro un.

Le Canada contre la République tchèque ; Brodeur contre Hasek. Un match nul au cours duquel Martin s'illustre en troisième période grâce à son habileté à toujours être en avance sur le jeu.

« Je savais que ce n'était pas facile pour Curtis, mais j'avais prouvé que je méritais d'aller jusqu'au bout, et j'étais bien déterminé à jouer un rôle important pour l'équipe en me concentrant sur les matchs à venir. » Avec des victoires de 2-1 contre la Finlande et de 7-1 contre la surprenante équipe de la Biélorussie, qui avait vaincu la Suède 4-3 en demi-finale, le Canada obtenait son passeport pour la grande finale contre la formation des États-Unis. Les deux grandes équipes allaient s'affronter pour l'obtention de la médaille d'or.

Wayne Gretzky : « Martin est tellement calme ! »

Wayne Gretzky connaît bien Martin Brodeur. Il l'a affronté dans la Ligue nationale à maintes reprises, a participé à plusieurs matchs des étoiles à ses côtés, puis a été son coéquipier et a partagé sa chambre au Village olympique de Nagano lors des Jeux de 1998. À l'hiver 2002, Gretzky, devenu directeur général d'Équipe Canada, a vu Martin mener l'équipe canadienne à la conquête de la médaille d'or lors des Jeux de Salt Lake City.

« Martin excelle sous pression, dit-il. Plus le défi est grand, meilleur il est, une qualité qu'ont eue de grands gardiens comme Vladislav Tretiak, Patrick Roy, Grant Fuhr, Billy Smith et Dominik Hasek. La pression ne lui fait pas peur et il est souvent déconcertant pour l'adversaire de constater à quel point il demeure calme. »

Lorsqu'on demande au meilleur marqueur de tous les temps de la Ligue nationale quelles sont les forces de Martin, il est encore question de sa facilité à composer avec la pression. « C'est là une grande qualité que plusieurs gardiens aimeraient avoir. Sur le plan technique, il est rapide avec son gant et son habileté à manier la rondelle est vraiment exceptionnelle. »

À Nagano, Martin Brodeur fut rapidement avisé qu'il ne jouerait pas un seul match, les dirigeants de l'équipe préférant faire confiance à Patrick Roy. Wayne Gretzky précise à ce sujet : « J'ai côtoyé Martin tout au long du tournoi et j'ai pu constater à quel point il est un grand joueur d'équipe. Nous étions aussi surpris que lui lorsque nous avons appris qu'il ne jouerait pas, mais il a bien encaissé la décision. »

À Salt Lake City, par contre, le vent a tourné en faveur de Martin Brodeur. « Plus le tournoi olympique avançait, plus Martin excellait devant le filet. L'arrêt spectaculaire qu'il a effectué en troisième période contre la République tchèque, alors qu'il ne restait que trois minutes à jouer, a vraiment survolté tous les joueurs de notre équipe. J'avais dit à Martin, le jour de la partie contre l'Allemagne, qu'il était désormais le gardien numéro un de l'équipe. "C'est à toi de démontrer ce que tu sais faire, maintenant", lui ai-je dit. »

1. Grand-papa Brodeur avec les trois fils de Martin devant le E Center.

2. De dignes représentants du Canada !

3. Martin, Mélanie et les enfants, devant le stade de football où se sont déroulées les cérémonies d'ouverture des Jeux.

4. Le capitaine de l'équipe du Canada, Mario Lemieux, en compagnie des enfants de Martin.

Pour la seconde fois de sa carrière, Martin a l'occasion de vivre l'aventure olympique. Avec sa famille, il profite pleinement de cette expérience qui n'a rien en commun avec celle vécue en 1998 à Nagano, alors qu'il n'avait été que spectateur.

L'équipe américaine avait inscrit 24 buts en 5 matchs, comparativement à 17 pour le Canada. Martin Brodeur allait être opposé au gardien des Rangers de New York, Mike Richter, proclamé meilleur joueur lors du tournoi de la Coupe du Monde, en 1996. Denis Brodeur et sa famille ne tiennent plus en place. Martin et son père formeront le premier duo père-fils gardiens de but de l'histoire des Jeux olympiques à être médaillés. Le photographe se dit bien confiant que le Canada remportera l'or. Mélanie, l'épouse de Martin, enceinte de huit mois, est aussi présente à Salt Lake City, accompagnée de ses trois garçons.

« J'avais eu plus de temps à Nagano pour voir des choses, mais ce n'était pas le temps de me plaindre, dit Martin en riant. J'imagine que ça m'a servi de ne pas faire la tête et de ne pas me plaindre de mon sort à Nagano. Mon père et tous les membres de ma famille ont vécu des moments incroyables durant leur séjour à Salt Lake City, et ils étaient évidemment très fiers que je sois devenu le gardien numéro un de l'équipe », ajoute Martin.

C'est le 24 février, dans un E Center rempli à capacité, que le Canada et les États-Unis s'affrontent dans la finale olympique de hockey masculin. La tension est palpable. Les partisans des deux équipes manifestent bruyamment leur appui à leurs compatriotes. L'excitation est à son comble. En première période, Tony Amonte ouvre la marque, mais avant que la première période ne se termine, Paul Kariya et Jarome Iginla donnent les devants 2-1 au Canada.

« J'ai trouvé que le leadership au sein de notre équipe était 100 fois plus élevé lors de cette partie. Lemieux et Yzerman, les leaders, se sont affirmés. On a vu qui étaient les vrais leaders d'après ce qui se disait entre les périodes, comment on avait préparé cette partie finale. En première période, Theoren

« C'était excitant de disputer cet ultime match pour l'obtention de la médaille d'or contre des joueurs que je connaissais bien. Je me sentais en grande forme et je n'avais qu'une idée en tête : gagner la partie pour avoir l'honneur de porter la médaille d'or. »

Fleury a écopé d'une mauvaise punition et, après la période, dans le vestiaire, Mario est allé le voir et lui a dit devant tout le monde : "Écoute, c'est pas important, oublie ça, mais c'est fini les folies, ne prends plus de punition, on n'a pas besoin de ça." Tu regardes ça et tu ne peux pas ne pas être impressionné, et surtout ressentir beaucoup de confiance. Les leaders ont su insuffler beaucoup de confiance à tous les joueurs. »

Au deuxième vingt, les deux équipes s'échangent chacune un but. Après 40 minutes de jeu, l'équipe américaine avait lancé 24 fois en direction du filet de Martin Brodeur. De l'autre côté de la patinoire, Mike Richter, le gardien de Team USA, avait fait face à 28 tirs. En regagnant le vestiaire avec un pointage de 3-2 en faveur du Canada, nul besoin de grands discours de la part des entraîneurs pour motiver les joueurs. L'enjeu est de taille. On joue devant des spectateurs survoltés : c'est le match ultime du tournoi olympique, celui qui va déterminer l'équipe gagnante de la médaille d'or.

« C'est un *feeling* incroyable de disputer un tel match, et toute ma vie je me souviendrai de l'intensité qui régnait au cours de la partie. On pourrait comparer ce match à une septième partie en finale de la Coupe Stanley, sauf que cette fois, les données étaient différentes. C'était le match pour la médaille d'or, le match pour la fierté de notre pays, regardé par des millions de téléspectateurs », relate Martin Brodeur.

Martin Brodeur surveille attentivement le jeu qui se déroule devant lui, alors que le toujours dangereux John LeClair se tient prêt à faire dévier un tir.

La tension est palpable alors que le temps s'écoule en troisième période et que le pointage demeure en faveur du Canada. Plus que cinq minutes

et l'équipe dirigée par Pat Quinn retournera au Canada avec la médaille d'or olympique, la première en 50 ans ! Les joueurs de l'équipe américaine tentent de forcer le jeu. Ils bourdonnent autour du filet de Martin Brodeur dans l'espoir de tromper sa vigilance. La tension monte d'un cran lorsque Steve Yzerman, avec moins de sept minutes à jouer, écope d'une punition et permet aux joueurs de l'équipe adverse de tenter le tout pour le tout. Pendant le jeu de puissance, malgré les attaques répétées des Américains, la défensive canadienne reste solide et étanche, et Brodeur est intraitable.

L'ailier gauche Mike York, de l'équipe américaine, contré par Martin Brodeur et le défenseur Adam Foote, ne ménage pas ses efforts pour tenter de s'emparer de la rondelle.

Martin Brodeur effectue un bel arrêt devant Mike York, parvenu seul devant lui, sous les yeux d'Owen Nolan.

Puis, en un éclair, en un geste vif, Martin effectue un arrêt spectaculaire aux dépens de Brett Hull, un arrêt que Wayne Gretzky qualifiera après le match de moment crucial et déterminant. C'est l'arrêt clé qui a permis au Canada de remporter la médaille d'or.

« Phil Housley a saisi la rondelle sur le bord de la bande, dans notre zone, et je l'ai vu regarder de l'autre côté, où, je le savais, était posté Brett Hull. En un éclair, j'ai pensé : ils ont fait un jeu comme ça contre les Russes, Hull va sûrement lancer sur réception ! Je me suis déplacé rapidement, et même si je n'étais pas placé parfaitement et que mes angles n'étaient pas très bien couverts, et que j'avais la jambière presque sur la ligne rouge, j'ai réussi à arrêter la rondelle avec ma jambière droite. Ensuite, je n'avais qu'une idée en tête : il fallait que mes coéquipiers réussissent à sortir la rondelle de notre zone. Mais quand j'ai fait l'arrêt, je t'avouerai que je me suis dit que ce serait certainement l'arrêt du match si nous parvenions à l'emporter », raconte le gardien.

L'équipe des États-Unis lance à 33 reprises en direction de Martin Brodeur, mais ce dernier ne cède qu'à 2 reprises. Après être revenu bredouille des Jeux de 1998, l'équipe du Canada allait enfin remporter la médaille d'or après 50 ans d'attente.

Et quel arrêt ! Brett Hull, marqueur de 649 buts en saison régulière, de son arrivée chez les professionnels jusqu'au début de la campagne 2001-2002, rate rarement une telle occasion. Souvent, en mettant un genou sur la glace, il décoche un tir d'une telle puissance que plus d'un gardien s'y sont fait prendre. Cette fois, Martin Brodeur résiste. Une partie du filet est béante, mais lorsque Hull dirige la rondelle, le grand gardien se déplace, vif comme un chat, pour stopper la rondelle. « Martin a fait un arrêt incroyable contre Hull. Ça a été assurément le point tournant du match », déclara Wayne Gretzky après la victoire.

Martin Brodeur vient d'effectuer son arrêt le plus spectaculaire à la suite du tir de Brett Hull. Un moment déterminant.

Quelques secondes à peine après cet arrêt spectaculaire, les attaquants canadiens pénètrent à toute vitesse en zone adverse. Sakic passe à Yzerman, qui refile le disque à Iginla, qui fonce seul en direction du filet de Mike Richter. Iginla tire et trompe Richter pour inscrire son deuxième filet du match. À l'autre bout de la patinoire, Martin Brodeur saute de joie. Son rêve d'ajouter une médaille d'or olympique à ses deux coupes Stanley et à ses trophées individuels est sur le point de se concrétiser avec moins de quatre minutes à disputer dans ce match ultime.

Avec un peu moins de trois minutes à faire dans le match, Joe Sakic marque le cinquième but du Canada. Chez les Brodeur, à Saint-Léonard, c'est l'hystérie !

« Quand on a compté le cinquième but, j'ai ressenti un *feeling* vraiment spécial. Je n'avais plus peur qu'on perde, j'étais en contrôle ; je regardais la foule, les gens qui chantaient le *Ô Canada !* C'était extraordinaire. J'ai vraiment profité de chaque moment de cette victoire-là, plus que les autres. Cette victoire, je l'ai savourée jusqu'à la toute fin : j'ai *trippé* pendant les dernières minutes, les dernières secondes. »

A la fin de la rencontre décisive, les deux gardiens, Brodeur et Richter, prennent le temps de se féliciter.

Brodeur est félicité par Mario Lemieux à la fin de la rencontre. Mario, Martin et Simon Gagné étaient les seuls joueurs francophones de l'équipe, et on peut affirmer qu'ils ont joué un rôle déterminant lors du tournoi.

À droite : Devant Wayne Gretzky et son épouse, Janet Jones, Martin célèbre la victoire de l'équipe canadienne.

« Je sentais que j'avais des choses à prouver à Salt Lake City. Je voulais surtout démontrer aux dirigeants de l'équipe qu'ils avaient eu raison de me faire confiance. » En cinq matchs, Martin a conservé une moyenne de buts accordés de 1,80.

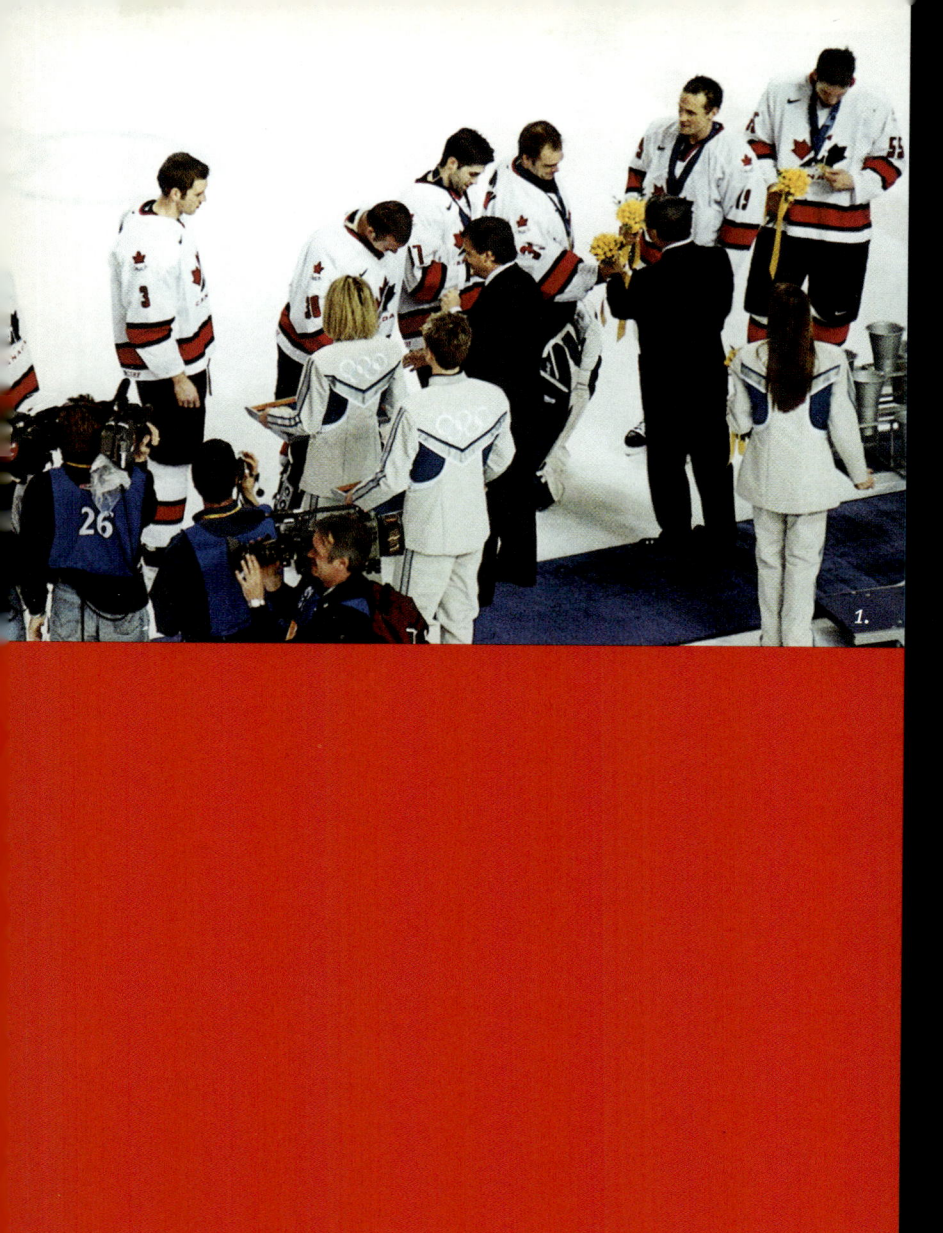

> C'était la première fois que je vivais une telle cérémonie, puisqu'en 1998 l'équipe avait été exclue de la ronde des médailles. C'était très émouvant. J'ai réalisé que je venais, avec mes coéquipiers, de remporter une médaille d'or pour mon pays.

UNE CÉR
EN

1. Comme les autres joueurs de son équipe avant lui, Martin reçoit sa précieuse médaille.

2. L'équipe canadienne réunie pour la photo d'équipe après l'attribution des médailles.

3. Un moment de grande fierté : on hisse le drapeau canadien pour saluer la conquête de la médaille d'or par l'équipe de hockey dirigée par l'entraîneur-chef Pat Quinn.

4. Martin Brodeur célèbre la victoire, entouré de Michael Peca, Chris Pronger et Mario Lemieux.

Après 50 ans d'attente,

CÉRÉMONIE OR !

« Cette médaille d'or, je pensais qu'on la gagnerait en 1998, à Nagano. Il a fallu attendre quatre ans, mais ça en valait la peine. Et je ne peux m'empêcher de penser déjà aux Jeux de 2006, qui auront lieu à Turin, en Italie. »

UNE MÉDA
MÉR

1. Les petits-enfants de la famille posent avec le nouveau champion.

2. Martin et son complice de toujours, son frère Denis.

3. Le baiser d'un athlète à son épouse, fière de sa réussite.

4. Martin, Claude et Denis Brodeur. Trois athlètes qui n'ont pas manqué de célébrer la médaille d'or remportée par le gardien des Devils.

5. À son retour chez lui, au New Jersey, une surprise attendait Martin : c'est sa mère, vêtue du chandail de hockey de son mari, qui lui a ouvert la porte!

On célèbre le nouveau champion olympique

LLE BIEN
ITÉE

Martin se montre un père de famille patient, dévoué pour ses enfants. Évidemment, il est enchanté qu'ils aiment le sport et qu'ils réussissent, mais il désire avant tout qu'ils aient du plaisir à jouer, comme lui en a eu lorsqu'il était enfant.

DES FILS TR

1. Martin et ses trois garçons, il y a déjà quelques années.

2. Le coéquipier de Martin, Randy McKay, s'improvise photographe lors d'une fête d'enfants au New Jersey.

3. Martin attache les patins de Jeremy.

4. Anthony fera-t-il à son tour sa marque comme gardien de but ? Chose certaine, il démontre de belles aptitudes, comme Martin à son âge.

Un père de famille à l'écoute des siens

SUR SES ACES

Il est certain que par moments, durant la saison, lorsque nous sommes sur la route, je vois moins souvent les enfants et Mélanie. Mais chaque fois, ce sont d'heureuses retrouvailles, et je mentirais si je disais qu'ils ne me manquent pas.

6. Martin et ses trois fils, adeptes de hockey.

7. Mélanie, Martin et les trois garçons, qui s'apprêtent à célébrer l'Halloween.

8. Martin et la petite dernière de la famille, Anabelle.

9. Un beau moment de tendresse et de plaisir entre la mère et sa fille.

10. À sa résidence d'été construite en 2002 dans les Laurentides, Martin profite du beau temps pour démontrer ses talents de cuisinier.

9.

10.

> Je m'implique beaucoup auprès de mes enfants. J'aime leur donner des trucs pour bien réussir dans le sport, entre autres, comme d'autres l'ont fait avec moi quand j'étais petit.

11. Martin se fait entraîneur de baseball pour conseiller Anthony.

12. Martin a conservé précieusement l'une de ses premières paires de patins.

13. Le gardien de but a bien failli être déjoué par William sur ce tir...

14. Lui-même un bon joueur de baseball lorsqu'il était enfant, Martin y va de quelques indications.

15. Une promenade sur l'eau pour Martin et les enfants, sur le lac situé à l'arrière de sa résidence d'été.

16. Trois futurs petits diables? Anthony, Jeremy et William.

15.

16.

CONFIDENCES
ENTRETIEN AVEC MARTIN

Été 2002. Nous sommes à préparer ce livre, Denis Brodeur et moi, avec la complicité du gardien de but des Devils du New Jersey. J'ai rencontré Martin à plusieurs reprises, pour discuter, revoir les différentes étapes de sa carrière, abordant plusieurs sujets. En toute simplicité et avec sa gentillesse habituelle, il a répondu à quantité de questions qui nous ont permis d'écrire ce livre, mais aussi de préparer cette entrevue, dont voici l'essentiel.

Quel est le match le plus mémorable auquel tu as participé, le premier qui te vient à l'esprit ?

C'est sans aucun doute la fameuse partie contre les Sabres de Buffalo, le 27 avril 1994, durant les éliminatoires de la Coupe Stanley, qui s'est terminée à la quatrième période de prolongation. C'était un match mémorable, le pointage était de 0-0, Dominik Hasek était devant le filet des Sabres. Honnêtement, j'étais tanné. Physiquement, je me sentais bien, mais mentalement, quand tu joues aussi longtemps, ça devient difficile ; il n'y a plus rien qui se passe, les gens dorment dans les gradins, et tu penses que deux jours après, tu vas devoir jouer la septième partie de cette série. Je vais toujours m'en souvenir, même si nous avons perdu — Martin fit face à 50 tirs pendant que Hasek repoussa 70 rondelles — mais deux jours après, nous avions éliminé les Sabres en l'emportant 2-1.

Es-tu mauvais perdant ?

Non, je ne crois pas, mais je dois avouer que je joue avant tout pour gagner. J'ai surtout tendance à juger mes performances à long terme, étalées sur 82 parties : mon rendement et celui de l'équipe. J'essaie de faire la part des choses, parce que sinon ça devient difficile, la pression devient trop forte. L'important est d'être constant et quand je ne suis pas satisfait d'un match, que ça va vraiment mal, j'essaie de changer de petites choses.

Martin et Dominik Hasek, lors d'une remise de trophées de la Ligue nationale de hockey à Toronto.

Est-ce que ça t'arrive de te sentir mal le jour d'un match, de sentir que rien ne fonctionne ?

Oui, ça arrive et tu réalises que tu dois te motiver. Dans mon cas, je sais qu'il suffit parfois d'un arrêt clé ou d'une situation de jeu au cours de laquelle je peux m'illustrer pour que ça change mon attitude pour le reste de la partie. Parfois, j'arrive le matin à l'entraînement et je ne me sens pas bien, je n'arrête pas une rondelle, mais lorsque le match débute, tu fais un bon arrêt, et hop ! ça te remet dedans. Je deviens « hot » pour le reste de la partie. C'est tellement différent d'une journée à l'autre. Finalement, c'est ça qui fait la beauté du sport, ce n'est pas toujours la même chose d'un match à l'autre.

As-tu l'impression que tu aurais pu réussir dans n'importe quel autre sport. Le baseball, par exemple ?

Peut-être. J'ai pratiqué beaucoup de sports, mais j'ai vraiment consacré toute mon énergie au hockey. Si j'avais mis la même énergie à jouer au baseball, à me perfectionner, j'aurais peut-être réussi à faire une belle carrière. Je ne sais pas. J'ai joué longtemps, mais j'ai dû choisir à un moment donné et c'est le hockey qui l'a emporté.

Quel genre de père de famille es-tu ?

J'ai l'occasion de passer beaucoup de temps avec ma famille, comparativement à quelqu'un d'autre qui travaille de 9 heures à 5 heures toute l'année. Je joue beaucoup avec mes enfants, et ils m'apportent beaucoup. Les enfants, ça t'apprend vraiment ce qu'est la vie ; ça te garde les deux pieds bien sur terre. Jouer au hockey professionnel, c'est un peu artificiel en ce sens que c'est vraiment une occupation qui sort de l'ordinaire. Il y a 20 000 personnes qui t'applaudissent, d'autres qui te chahutent. Tu fais beaucoup d'argent, tu dois composer avec la pression de devoir exceller, supporter les humeurs des joueurs, des entraîneurs, du directeur général... Inévitablement, quand tu finis de jouer, que tu mets les pieds hors de l'aréna, les enfants te ramènent vraiment aux choses normales de la vie courante.

On a souvent entendu dire que tu étais un bon *kid*, que tes parents t'avaient inculqué de bonnes valeurs. J'imagine que tu essaies de faire de même avec tes enfants ?

Je n'ai jamais été dans leur situation, en ce sens que l'argent change bien des données, et j'avoue que ça me fait un peu peur. Ils ont tout ce qu'ils désirent, mais j'essaie vraiment de leur faire apprécier ce qu'ils ont et de leur apprendre à partager entre eux, mais surtout avec les autres, les amis. Le respect est aussi une valeur très importante à mes yeux. Pour eux, pénétrer dans le vestiaire des Devils, par exemple, c'est tout à fait normal, c'est le lieu de travail de papa. Mais ils ont compris que c'était un privilège que de pouvoir y mettre les pieds, que c'est spécial. Ils savent aussi que ça va cesser un jour, que je ne jouerai plus au hockey.

Tes enfants sont sans doute tes plus grands admirateurs ?

Tout à fait. Ils essaient de deviner les pointages des matchs, ou bien ils me disent avant de partir de la maison qu'ils ont le *feeling* que je vais obtenir un jeu blanc. Ils suivent les résultats, et le matin, il est déjà arrivé qu'ils aient écouté les nouvelles du sport et viennent ensuite me réveiller à 7 heures pour me dire qu'on avait raconté à la télé que je n'avais pas été bon. Ils prennent ça à cœur. Ils s'intéressent beaucoup à ma carrière et je sais que j'ai de la chance, parce que ce ne sont pas tous les enfants qui s'intéressent avec autant de ferveur au métier de leur père.

Tu as gagné la Coupe Stanley à deux reprises, as-tu eu l'occasion de faire partager ces victoires à tes garçons ?

Oui, nous avons fait quelques folies avec la coupe Stanley... Nous sommes allés au cinéma avec les enfants, nous avons placé la coupe entre eux et l'avons remplie de pop-corn ! Une autre fois, nous sommes allés dans un centre de jeux pour enfants, où ils se sont amusés à lancer des balles dans la coupe ! À la maison, ils ont aussi eu l'occasion, un matin, tous assis sur des caisses de bière pour être à la bonne hauteur, de manger des céréales dans la coupe !

Penses-tu qu'un jour un de tes garçons atteindra la Ligue nationale ?

Ce serait bien, mais je n'y tiens pas à tout prix, d'autant plus que les enfants d'athlètes subissent beaucoup de pression. Je ne veux pas me créer trop d'attentes vis-à-vis d'eux, je veux seulement qu'ils s'amusent. S'ils désirent pratiquer quatre sports en même temps, ce sera tant mieux, parce que j'estime que c'est bon mentalement. C'est ce que j'ai vécu et je me suis rendu compte que ça m'avait rendu très discipliné. Pour l'instant, ils sont aussi actifs que je l'étais à leur âge.

Tu parles de pression, est-ce que tu parviens facilement à oublier le hockey quand tu ne joues pas ?

La pression, elle est présente vraiment quand je vais à l'aréna et que je dois me concentrer sur la partie à jouer. Ma vie de hockeyeur se passe là. Je ne suis pas du genre à repasser constamment les matchs dans ma tête. Ce n'est pas parce que je perds une partie très importante que ma vie s'arrête : il faut relativiser les choses. Dès que je mets les pieds dehors, la pression n'existe plus. Je vais aller prendre une bière avec les *boys,* aller voir des films avec mon épouse, voir à mes affaires. Ce que je fais en dehors de la patinoire, ma vie familiale, mes diverses occupations, etc., m'aident vraiment à oublier les contre-performances, puis à décrocher.

Un jour viendra où tu devras accrocher tes jambières, as-tu commencé à penser à ce que tu vas faire ?

Je me prépare tranquillement en apprenant comment investir mon argent. J'essaie des choses. Par exemple, j'ai des intérêts dans une équipe de hockey, à Saint-Hyacinthe, et ça m'aide à me familiariser avec le monde des affaires.

Martin et Roberto Luongo, un autre gardien de but de la LNH qui a joué son hockey mineur à Saint-Léonard.

Tu habites en banlieue de New York. Quelle a été ta réaction à la suite des événements du 11 septembre ?

Ça a été très difficile, mais heureusement le temps a guéri beaucoup de blessures. Les jours et les semaines qui ont suivi, chaque fois qu'on entendait un avion au-dessus de nos têtes, nous étions nerveux. J'ai un ami qui a perdu 73 collègues dans l'attentat du World Trade Center. Ça a affecté beaucoup de monde, c'était terrible.

Revenons au hockey, comment expliques-tu qu'il y ait autant de bons gardiens de but qui sortent des rangs juniors au Québec ?

Dans le junior, le jeu est tellement axé sur l'offensive que les gardiens reçoivent beaucoup de lancers. Le Québec a toujours été une bonne pépinière de gardiens aussi parce que les entraîneurs ont tendance à employer souvent le même gardien, peu importe les résultats. Quand je jouais avec le Laser de Saint-Hyacinthe, même si je me faisais compter beaucoup de buts durant un match, on me ramenait devant le filet lors de la partie suivante. Et des lancers, on en voit dans la Ligue junior majeur ! Parfois 30, 40 et même 50 tirs par partie. Les entraîneurs ont souvent eu tendance à envoyer un gardien devant le filet, qu'il gagne ou qu'il perde. Inévitablement, tu deviens fort mentalement et je suis persuadé que la façon de voir des entraîneurs québécois aide beaucoup les gardiens à se développer.

Au printemps 2002, José Théodore a remporté le trophée Vézina, en plus du trophée Hart. Tu te réjouis des succès des autres gardiens québécois ?

Tout à fait. J'ai côtoyé José à l'école de hockey de Vladislav Tretiak, il y a plus de 10 ans, et je suis bien content pour lui. C'est un bon gars. Il est parti de loin et il a été patient. Ça montre bien que lorsque l'occasion de s'illustrer se présente, il faut la saisir, et c'est ce que José a fait. Tu sais, c'est bien souvent une question de chance. Quand je repense à mes débuts, je me dit que si Peter Sidorkiewicz ne s'était pas présenté au camp d'entraînement avec une épaule amochée, on ne m'aurait peut-être pas donné ma chance avant plusieurs années.

Jacques Lemaire, qui t'a repêché dans les rangs juniors, a été ton premier entraîneur dans la Ligue nationale et tu as gagné la Coupe Stanley avec lui. C'est un homme qui t'a marqué?

J'ai beaucoup de respect pour lui. Il est probablement le meilleur entraîneur que j'ai eu et c'est tout un homme de hockey. Et puis c'est lui qui m'a donné ma première chance. C'est le genre d'entraîneur qui aime que les

Jacques Lemaire et son assistant-entraîneur adjoint, Larry Robinson, derrière le banc des Devils.

vétérans s'illustrent et, de temps à autre, il va insérer des recrues dans l'alignement. Mais avec moi, ça a été différent. Il m'a fait confiance pour les éliminatoires dès ma première année, mais il n'a pas eu peur non plus de faire des changements. Contre Boston, durant les éliminatoires, il a fait jouer Chris Terreri, puis m'a ramené devant le filet lors du match suivant. Il n'est pas très patient, il faut que les choses roulent. Je me souviens qu'à ma première année, j'avais joué durant la saison sept parties contre les Rangers et que je n'avais pas terminé un seul de ces matchs. J'étais trop anxieux et excité, car j'avais de la difficulté à composer avec cette grande rivalité. Quand nous sommes arrivés dans les éliminatoires face aux Rangers, Jacques m'a fait confiance et m'a fait garder les buts pour tous les matchs, parce qu'il avait vu que j'avais pris confiance. J'avais analysé mon jeu contre les Rangers durant la saison, j'avais appris de mes erreurs et il avait su le reconnaître.

Il t'arrive souvent de te faire bousculer par les joueurs adverses?

Pas vraiment, parce que je suis assez gros et j'ai de gros défenseurs devant moi. Il suffit de jouer intelligemment, de ne pas me rendre vulnérable lorsque je quitte mon filet. C'est à ce moment-là que ça peut être dangereux, que tu peux recevoir un mauvais coup.

Que penses-tu des coups souvent très durs, parfois salauds, qui sont portés par des joueurs contre leurs adversaires?

On insiste tellement sur le fait qu'il faut remporter la victoire à tout prix que certains joueurs exagèrent. Il y a des personnes qui ne devraient pas jouer dans cette ligue et d'autres qui ne jouent pas à la bonne position, tout cela peut-être parce qu'il y a trop d'équipes. Certains joueurs sont prêts à tout pour s'illustrer, pour se faire un nom, même s'il faut pour cela qu'ils soient suspendus ou qu'ils sortent un joueur de la partie, tout cela pour pouvoir réussir et faire plus d'argent. Je les vois, ces coups-là, et je trouve ça dommage, mais ça fait aussi partie du jeu. Si les arbitres faisaient mieux leur travail, appliquaient les règlements et étaient plus sévères, il y aurait peut-être moins de coups salauds.

Le père et le fils, sans masque. Pour le premier, c'était un accident dans le feu de l'action, alors que Denis a gardé longtemps les buts sans protection faciale.

Pourrais-tu imaginer garder les buts sans masque?

Jamais! Je ne comprends pas que ça ait pris autant de temps avant que les gardiens portent tous des masques. Faut croire que la *game* était différente. Il m'est arrivé des situations où j'ai perdu mon masque, pendant un match, mais tu continues à jouer, tu n'as pas le temps d'y penser. S'il faut que j'arrête une rondelle avec mon visage, je vais le faire mais, heureusement, les arbitres ont tendance à arrêter le jeu assez rapidement lorsqu'ils constatent qu'un gardien n'a plus son masque.

T'est-il déjà arrivé d'avoir peur sur la glace?

Je me souviens d'une situation particulière à mes débuts avec les Devils, en 1993, alors que nous affrontions les Blues de Saint-Louis. Nous jouions en désavantage numérique, et après avoir effectué un arrêt, je suis tombé sur les fesses, devant mon filet. La rondelle s'est déplacée près du cercle de mise en jeu, et j'ai vu Brett Hull arriver à toute vitesse, prendre son élan et effectuer un lancer frappé. La rondelle est passée en un clin d'œil au-dessus de ma tête pour entrer dans le filet. Pour dire la vérité, j'étais bien content que la rondelle ne m'ait pas atteint, parce que j'étais mort!

Est-ce que tu apprends en regardant jouer d'autres gardiens?

Oui, j'aime observer le jeu des autres gardiens. J'apprends beaucoup de cette manière, et également en regardant beaucoup d'enregistrements vidéo. Avec l'entraîneur des gardiens, j'aime analyser toutes les étapes du jeu, examiner comment les adversaires viennent à moi, comment ils attaquent. Je me vois un peu comme un troisième défenseur. Quand on joue dans les éliminatoires, les entraîneurs adverses essaient de trouver des jeux qui pourraient désavantager mon style, et ça devient alors intéressant de devoir faire les ajustements nécessaires.

Quelles seront les prochaines étapes de ta carrière? Une autre Coupe Stanley? Le trophée Vézina, que tu n'as pas encore remporté?

Mon but premier est de gagner. Ma moyenne m'importe peu, ce sont les victoires qui comptent et j'aime ça, quand je regarde les statistiques, constater que je suis en première position pour le plus grand nombre de victoires chez les gardiens. Je me souviens, il y a plusieurs années, avoir vu un gardien atteindre le plateau des 300 victoires. Pour moi, c'était l'enfer, c'était un plateau magique! Eh bien, tu vois, ce plateau, je l'ai atteint alors que j'avais 29 ans. Je regarde ce qu'a fait Patrick Roy depuis ses débuts, comment il a été dominant dans le hockey professionnel, et je ne peux pas m'imaginer que j'arriverai un jour à dépasser ce qu'il a fait. Quant au trophée Vézina, je ne sais pas si je réussirai à l'obtenir un jour, mais demande à n'importe quel gardien et je suis certain que ceux qui n'ont pas eu l'occasion de remporter la Coupe Stanley échangeraient certainement tous leurs trophées personnels pour avoir la chance de la remporter et de vivre ce moment.

Quel est le joueur le plus dangereux en échappée ?
Jaromir Jagr n'est pas facile à arrêter. Il est tellement grand et il a de ces feintes !

Et celui qui est le plus imprévisible ?
Je dirais encore une fois Jaromir Jagr, mais aussi certains passeurs, des gars comme Adam Oates, qui lancent rarement. Quand ils décident de lancer, c'est surprenant, car plusieurs possèdent de très bons tirs.

Lequel possède le tir le plus puissant ?
Sans aucun doute Al MacInnis. Je n'ai jamais fait face à des tirs aussi puissants que les siens.

Y a-t-il un jeune joueur qui t'a impressionné récemment ?
Dany Heatley, des Trashers d'Atlanta, qui a remporté le trophée Calder en 2002. C'en est effrayant tellement il est bon. Ilya Kovalchuk est aussi bon que lui offensivement,

mais Heatley est vraiment un joueur plus complet. Il peut jouer en désavantage numérique, sur le jeu de puissance, il est *tough* et il est aussi bon à cinq contre cinq. Moi, j'investirais de l'argent sur ce gars-là !

Est-ce qu'il y a un joueur que tu aurais aimé avoir affronté ?
Si je pouvais revenir dans le passé, j'aimerais affronter les tirs de Mike Bossy et de Guy Lafleur, pour le plaisir mais aussi pour savoir ce qu'ils avaient pour être si bons. J'ai tellement entendu parler d'eux par des joueurs qui les ont affrontés, comme Chris Terreri et John Vanbiesbrouck.

Le temps passe vite et déjà, pour les jeunes joueurs qui arrivent chez les Devils, tu es un vétéran. Comment composes-tu avec ce rôle ?

J'adore ça, même si ça me fait toujours bizarre de penser que je suis déjà un vétéran! Les jeunes viennent manger avec moi et ils me regardent, m'écoutent, aiment que je leur raconte des histoires. J'aime m'occuper d'eux et les faire profiter de mon expérience. Quand j'étais jeune, j'allais voir les vétérans, j'allais discuter avec Wayne Gretzky lors des parties d'étoiles et maintenant, je vois les jeunes agir de cette façon avec moi et ça me fait bien plaisir. Les vétérans ont bien pris soin de moi à mes débuts et je veux faire la même chose aujourd'hui. Claude Lemieux, Bernie Nicholls, Bruce Driver ont tous été des joueurs qui prenaient bien soin des recrues et ils m'ont beaucoup aidé.

1. Guy Lafleur et Mike Bossy.

2. Mario Lemieux et Wayne Gretzky, lors d'un match des étoiles.

3. Claude Lemieux, un vétéran qui a joué pendant six saisons avec les Devils.

À quel genre d'entraînement t'astreins-tu l'été ?

Je fais entre 25 et 30 minutes d'exercices, 6 jours par semaine, puis du vélo, de la marche rapide, de la course, et pendant 30 autres minutes, dans mon gymnase, je fais des abdominaux, je lève des poids et je travaille beaucoup ma flexibilité. Je joue aussi au tennis, au deck-hockey et, bien sûr, je surveille mon alimentation en évitant surtout le *junk food*.

En terminant, Martin, tu sais évidemment que tu fais la fierté de ton père, sans doute ton plus grand *fan*. Vous avez vraiment une relation privilégiée tous les deux.

J'ai beaucoup de plaisir à le voir heureux et fier, lui et aussi ma mère. Mon père a joué au hockey dans les rangs amateurs et je pense qu'à travers moi, il réalise tout ce qu'il n'a pas eu la chance d'atteindre, comme joueur dans la ligue nationale, gagner la Coupe Stanley, remporter une médaille d'or aux Jeux olympiques. Mes parents ont toujours été là pour m'encourager, et, par-dessus tout, ils m'ont enseigné le respect et m'ont appris à garder les deux pieds sur terre. Ce sont des choses primordiales qui ont toujours guidé ma vie.

MARTIN BRODEUR
STATISTIQUES

SAISONS RÉGULIÈRES

Saison	Équipe	PJ	V	D	N	MIN	BC	BL	MOY
1988-1989	MONTRÉAL-BOURASSA, MIDGET AAA	27	13	12	1	1580	98	0	3,72
1989-1990	SAINT-HYACINTHE, LHJMQ	42	23	13	2	2333	156	0	4,01
1990-1991	SAINT-HYACINTHE, LHJMQ	52	22	24	4	2946	162	2	3,30
1991-1992	SAINT-HYACINTHE, LHJMQ	48	27	16	4	2846	161	2	3,39
	NJ, NHL	4	2	1	0	179	10	0	3,35
1992-1993	UTICA, LAH	32	14	13	5	1952	131	0	4,03
1993-1994	NJ, LNH	47	27	11	8	2625	105	3	2,40
1994-1995	NJ, LNH	40	19	11	6	2184	89	3	2,45
1995-1996	NJ, LNH	77	34	30	12	4433	173	6	2,34
1996-1997	NJ, LNH	67	37	14	13	3838	120	10	1,88
1997-1998	NJ, LNH	70	43	17	8	4128	130	10	1,89
1998-1999	NJ, LNH	70	39	21	10	4239	162	4	2,29
1999-2000	NJ, LNH	72	43	20	8	4312	161	6	2,24
2000-2001	NJ, LNH	72	42	17	11	4297	166	9	2,32
2001-2002	NJ, LNH	73	38	26	9	4347	156	4	2,15
STATISTIQUES CUMULATIVES LNH		**592**	**324**	**168**	**85**	**34 582**	**1272**	**55**	**2,21**

SÉRIES ÉLIMINATOIRES

Saison	Équipe	PJ	V	D	MIN	BC	BL	MOY
1988-1989	MONTRÉAL-BOURASSA, MIDGET AAA	3	0	3	210	14	0	3,99
1989-1990	SAINT-HYACINTHE, LHJMQ	12	5	7	678	46	0	4,07
1990-1991	SAINT-HYACINTHE, LHJMQ	4	0	4	232	16	0	4,14
1991-1992	SAINT-HYACINTHE, LHJMQ	5	2	3	317	14	0	2,65
	NJ, LNH	1	0	1	32	3	0	5,63
1992-1993	UTICA, LAH	4	1	3	258	18	0	4,19
1993-1994	NJ, LNH	17	8	9	1171	38	1	1,95
1994-1995	NJ, LNH	20	16	4	1222	34	3	1,67
1995-1996	NJ, LNH							
1996-1997	NJ, LNH	10	5	5	659	19	2	1,73
1997-1998	NJ, LNH	6	2	4	366	12	0	1,97
1998-1999	NJ, LNH	7	3	4	425	20	0	2,82
1999-2000	NJ, LNH	23	16	7	1450	39	2	1,61
2000-2001	NJ, LNH	25	15	10	1505	52	4	2,07
2001-2002	NJ, LNH	6	2	4	381	9	1	1,42
STATISTIQUES CUMULATIVES LNH		**115**	**67**	**48**	**7211**	**226**	**13**	**1,88**

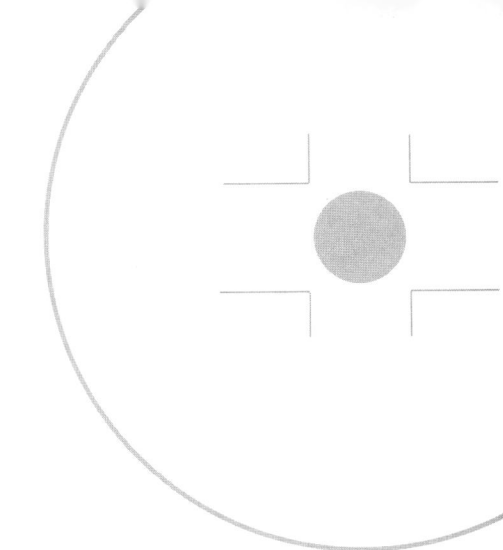

1992 :	Membre de la seconde équipe d'étoiles de la LHJMQ.
1994 :	Gagnant du trophée Calder (meilleure recrue de l'année dans la LNH).
1994 :	Membre de l'équipe d'étoiles des recrues de la LNH.
1995-1996 :	Établit un record de la LNH pour le plus grand nombre de minutes jouées par un gardien (4433).
1996, 1997, 1998, 1999, 2000, 2001 :	Participe au match des étoiles de la LNH.
1996 :	Membre de l'équipe du Canada qui remporte la médaille d'argent aux Championnats du monde.
1997 :	Partage avec Mike Dunham le trophée William-M.-Jennings (remis au ou aux gardiens ayant accordé le moins de buts à l'adversaire).
1997 :	Le 17 avril 1997, il marque un but au cours des éliminatoires contre le Canadien de Montréal.
1997, 1998 :	Membre de la seconde équipe d'étoiles de la LNH.
1998 :	Gagnant du trophée William-M.-Jennings.
1998 :	Membre de l'équipe du Canada qui remporte la médaille d'argent aux Championnats du monde.
2000-2001 :	Martin égale une marque en remportant plus de 40 victoires pour une troisième saison en carrière. Il partage ce record de la LNH avec Terry Sawchuk et Jacques Plante.
2000-2001 :	En remportant plus de 40 victoires au cours de la saison, et ce, pour une deuxième année consécutive, il égale le record détenu par Terry Sawchuk, Bernard Parent et Ken Dryden.
2001-2002 :	Avec ses 38 victoires obtenues au cours de la saison, Martin détient, conjointement avec Tony Esposito et Patrick Roy, le record pour le plus grand nombre de saisons consécutives de 30 victoires et plus, soit 7 saisons.
2001-2002 :	Établit une nouvelle marque de la LNH en devenant le premier gardien à avoir remporté 35 victoires et plus durant 6 saisons consécutives.
2002 :	Membre de l'équipe olympique canadienne de hockey, gagnante de la médaille d'or aux Jeux de Salt Lake City.

SOMMAIRE DES MATCHS

OLYMPIQUES 2002

MATCH 1 — Canada 2 — Suède 5

Première période
1. Canada : Blake (Peca, Fleury) — 2:37
2. Suède : Sundin (Alfredsson) — 5:30

Punitions : Sundin (Suède) — 11:31

Deuxième période
3. Suède : Sundstrom (Nylander, Naslund) — 6:06
4. Suède : Sundin (Alfredsson, Lidstrom) — 10:42
5. Suède : Jonsson (Zetterberg) — 11:47
6. Suède : Dahlen (Sundstrom, Sundin) — 15:58

Punitions : MacInnis (Can) — 15:18

Troisième période
7. Canada : Brewer (Nolan) — 15:39

Punitions : Olausson (Suède) 0:27 ; Ragnarsson (Suède) 7:16

Gardiens de but
Canada : Curtis Joseph
Suède : Tommy Salo

Tirs au but
Canada	15	3	17	35
Suède	10	11	4	25

Arbitre : Dennis LaRue
Juges de lignes : Dan Schachte / Sergei Kulakov

MATCH 2 — Canada 3 — Allemagne 2

Première période
Aucun but

Punitions : Lindros (Can) 0:24 ; Ehrhoff (All) 7:59 ; Pronger (Can) 13:00

Deuxième période
1. Canada : Sakic (Gagné) — 8:59
2. Canada : Kariya (Nolan) — 14:23
3. Canada : Foote (Jovanovski, Nieuwendyk) — 18:25

Punitions : Blake (Can) 4:35 ; Kunce (All) 13:24

Troisième période
4. Allemagne : Loth (Mackay, Ludemann) — 7:36
5. Allemagne : Hecht (Schubert, Abstreiter) — 13:51

Punitions : Lindros (Can) 3:19 ; MacInnis (Can) 12:16

Gardiens de but
Canada : Martin Brodeur
Allemagne : Marc Seliger

Tirs au but
Canada :	10	17	10	37
Allemagne :	8	4	8	20

Arbitre : Bill McCreary
Juges de lignes : Tim Nowak / Johan Norman

MATCH 3 — Canada 3 — République tchèque 3

Première période
1. Canada : Lemieux (Niedermayer) — 9:11
2. République tchèque : Havlat (Jagr) — 18:23

Punitions : MacInnis (Can) 6:12 ; Dopita (Tch) 15:29 ; Foote (Can) 19:51

Deuxième période
3. République tchèque : Havlat (Kubina) — 3:08
4. Canada : Lemieux (Yzerman) — 18:49

Punitions : Kaberle (Tch) 5:22 ; Rucinsky (Tch) 12:23

Troisième période
5. République tchèque : Dopita (Hamrlik) — 13:17
6. Canada : Nieuwendyk (Fleury, Jovanovski) — 16:36

Punitions : aucune

Gardiens de but
Canada : Martin Brodeur
République tchèque : Dominik Hasek

Tirs au but				
Canada :	13	15	8	36
République tchèque :	6	7	10	23

Arbitre : Bill McCreary
Juges de lignes : Dan Schachte / Sergei Kulakov

MATCH 4 — Canada 2 — Finlande 1

Première période
1. Canada : Sakic (Gagné) — 3:00

Punitions : aucune

Deuxième période
2. Canada : Yzerman (Lemieux) — 15:493
Finlande : Hagman (Kallio, Jokinen) — 16:09

Punitions : Selanne (Fin) 5:52

Troisième période
Aucun but

Punitions : Jovanovski (Can) 6:10

Gardiens de but
Canada : Martin Brodeur
Finlande : Jani Hurme

Tirs au but				
Canada :	15	14	5	34
Finlande :	5	8	6	19

Arbitre : Dennis LaRue
Juges de lignes : Mike Cvik / Rudolf Lauff

MATCH 5 — Canada 7 — Biélorussie 1

Première période
1. Canada : Yzerman (Sakic, Blake) — 6:05
2. Biélorussie : Salei (sans aide) — 13:25
3. Canada : Brewer (Yzerman) — 17:25

Punitions : Kopat (Blr) 1:52 ; Fleury (Can) et Mikulchik (Blr) 16:05

Deuxième période
4. Canada : Niedermayer (Lemieux, Kariya) — 2:09
5. Canada : Kariya (Yzerman, Lemieux) — 13:28

Punitions : Kovalev (Blr) 1:10 ; Jovanovski (Can) 2:38 ; Peca (Can) 5:11 ; Mikulchik (Blr) 9:59

Troisième période
6. Canada : Gagné (Peca) — 5:21
7. Canada : Lindros (Smyth, Nolan) — 12:24
8. Canada : Iginla (Shanahan) — 16:15

Punitions : Niedermayer (Can) 3:31 ; Fleury (Can) 6:56 ; Nolan (Can) 8:43 ; Biélorussie (surnombre) 10:52 ; Lindros (Can) et Tsyplakov (Blr) 17:43 ; Lindros (Can) et Tsyplakov (Blr) 19:54

Gardiens de but
Canada : Martin Brodeur
Biélorussie : Andrei Mezin

Tirs au but				
Canada :	17	15	19	51
Biélorussie :	3	6	5	14

Arbitre : Stephen Walkom
Juges de lignes : Sergei Kulakov / Tim Nowak

MATCH 6 — Canada 5 — États-Unis 2

Première période
1. États-Unis : Amonte (Weight, Poti) — 8:49
2. Canada : Kariya (Pronger, Lemieux) — 14:50
3. Canada : Iginla (Sakic, Gagné) — 18:33

Punitions : Niedermayer (Can) 3:03 ; Fleury (Can) 10:03

Deuxième période
4. États-Unis : Rafalski (Modano, Hull) — 15:30
5. Canada : Sakic (Jovanovski, Blake) — 18:19

Punitions : Hull (É.-U.) 9:27 ; Miller (É.-U.) 10:19 ; MacInnis (Can) 14:40 ; Roenick (É.-U.) 16:30

Troisième période
6. Canada : Iginla (Yzerman, Sakic) — 16:01
7. Canada : Sakic (Iginla) — 18:40

Punitions : Yzerman (Can) 13:43

Gardiens de but
Canada : Martin Brodeur
États-Unis : Mike Richter

Tirs au but				
Canada :	11	17	11	39
États-Unis :	10	14	9	33

Arbitre : Bill McCreary
Juges de lignes : Mike Cvik / Antti Hamalainen

MARTIN BRODEUR – Jeux olympiques de 2002, Salt Lake City
Parties jouées : 5 (4 victoires, 1 nulle)
Minutes : 300
Buts accordés : 9
Blanchissage : 0
Moyenne : 1,80

DENIS BRODEUR – Jeux olympiques de 1956 (Cortina d'Ampezzo)
Parties jouées : 4 (3 victoires, 1 défaite)
Minutes : 240
Buts accordés : 8
Blanchissage : 1
Moyenne : 2,00

Un homme et ses trophées. Martin tient les répliques de ses deux coupes Stanley devant quelques autres récompenses méritées depuis ses débuts dans la LNH.

Il possède aussi une collection de rondelles représentants différentes étapes de sa carrière, dont cette moitié de rondelle en souvenir d'un match nul de 0-0 contre Buffalo, le 23 décembre 1996. Dominik Hasek a conservé l'autre moitié.

REMERCIEMENTS

Claude Brodeur
Denis Brodeur, Jr
Bernard Brault
Bruce Bennett
Bob Fisher

Denis Courville
Jocelyn Chevalier
Bruce Jessop
Pierre-Yvon Pelletier
Pierre Villeneuve

TABLE DES MATIÈRES

BERTRAND RAYMOND
PRÉFACE — 7

1 MARTIN BRODEUR
LE PLAISIR DE JOUER — 11

2 OBJECTIF LNH
L'ÉMERGENCE DU TALENT — 43

3 MARTIN BRODEUR
LE CHOIX DES DEVILS — 69

4 LE DÉFI
VERS LA COUPE STANLEY — 127

5 DE PÈRE EN FILS
DU BRONZE À L'OR — 203

CONFIDENCES
ENTRETIEN AVEC MARTIN — 240

MARTIN BRODEUR
STATISTIQUES — 248

SOMMAIRE DES MATCHS
OLYMPIQUES 2002 — 250

Lithographié sur papier Jenson glacé 200 M

et achevé d'imprimer au Canada sur les presses

de l'imprimerie Interglobe inc. en octobre 2002